少年读全景
资治通鉴故事

⑤

隋纪·唐纪 上

廖志军 编著

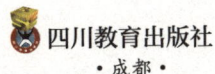

四川教育出版社
·成都·

图书在版编目（CIP）数据

少年读全景资治通鉴故事. 5，隋纪·唐纪. 上 / 廖志军编著 . — 成都：四川教育出版社，2021.10
ISBN 978-7-5408-7789-7

I. ①少… II. ①廖… III. ①中国历史—古代史—编年体 ②《资治通鉴》—少年读物 IV. ① K204.3-49

中国版本图书馆 CIP 数据核字（2021）第 181921 号

SHAONIAN DU QUANJING ZIZHITONGJIAN GUSHI 5 SUIJI · TANGJI SHANG
少年读全景资治通鉴故事5隋纪·唐纪 上
廖志军　编著

出 品 人	雷　华
责任编辑	肖　勇
责任校对	周代林
封面设计	路炳男
版式设计	闫晓玉
责任印制	田东洋
出版发行	四川教育出版社
地　　址	成都市黄荆路13号
邮政编码	610225
网　　址	www.chuanjiaoshe.com
印　　刷	德富泰（唐山）印务有限公司
制　　作	闫晓玉
版　　次	2021年12月第1版
印　　次	2021年12月第1次印刷
成品规格	188mm×245mm
印　　张	9
书　　号	ISBN 978-7-5408-7789-7
定　　价	168.00元（全6册）

如发现印装质量问题，影响阅读，请与本社联系。总编室电话：（028）86365120
编辑部电话：（028）86365129

目录 公元581年~公元907年

◎少年读全景资治通鉴故事5 隋纪·唐纪 上　　////隋纪 ////唐纪 上

◎隋纪

勇比关张萧摩诃　　〇〇二
少年英雄，彪炳史册
平叛功臣，荣宠加身
英雄迟暮，国破身亡

隋文帝与开皇之治　　〇〇四
出身贵族，代周建隋
一统天下，开创盛世

独孤皇后妒贤并称　　〇〇七
严治后宫，管束皇子
公私分明，贤达明理

杨广窃取皇位　　〇〇九
南征北战，战功赫赫
善于伪装，入主东宫
阴谋得逞，窃居帝位

隋炀帝开凿大运河　　〇一二
巩固统治，开凿运河
劳民伤财，泽被后世

隋朝名将杨素　　〇一四
北周臣子，依附杨坚
参与建隋，率兵南征
结交杨广，出谋划策

功高震主，郁积而终

建筑奇才宇文恺　　〇一七
将门之后，建筑奇才
身受皇命，兴建隋都

贺若弼妙计灭陈　　〇二〇
出身将门，谨言慎行
运筹帷幄，所向披靡
争名表功，失言殒命

文武兼备韩擒虎　　〇二三
将门世家，名动江南
智擒后主，威震突厥

隋相高颎竭诚尽节　　〇二六
辅佐杨坚，平南扫北
大功告捷，忠臣遭弃
竭诚尽节，含冤被杀

杨玄感起兵反隋　　〇二九
家世显贵，起兵黎阳
久战不利，兵败身死

瓦岗之主李密　　〇三二
少有大志，投奔瓦岗
骄傲自矜，战败投唐
心存不满，反唐遭杀

宇文化及叛朝弑君 〇三五
袭父祖荫，受宠于朝
发动兵变，起兵反隋
魏县称帝，兵败而死

农民领袖窦建德 〇三八
烽火四起，揭竿反隋
征战中原，雄踞河北
争雄全国，败于秦王

乱世枭雄王世充 〇四一
隋朝旧臣，废隋称帝
争锋天下，战败降唐

◎唐纪 上

李渊长安称帝 〇四四
出身将门，袭爵为官
起兵太原，击檄反隋
审时度势，挥师关中
运筹帷幄，长安称帝

玄武门之变 〇四七
少年英雄，功勋盖世
觊觎皇位，兄弟反目
兵戈相见，手足残杀

千古一帝唐太宗 〇五〇
举贤任能，纳谏如流
贞观之治，万古流芳
多才多艺，妙笔生花

一代贤后长孙氏 〇五三
母仪天下，贤淑温良
限制本家，智谏太宗
心怀天下，千古流芳

文成公主入藏 〇五六
吐蕃求婚，公主入藏
传播文明，汉藏一家

名臣魏征 〇五九
力投明主，终辅太宗
犯颜直谏，名传千秋

开国名臣刘文静 〇六二
韬略出众，首义功臣
陷于名利，引火烧身

佐命元勋长孙无忌 〇六五
才略通达，秦王心腹
佐命元勋，受命托孤
无辜获罪，忠臣受戮

贞观诤臣褚遂良 〇六八
博学多才，大唐诤臣
力佐高宗，反立武后
书法传神，自成一家

贞观良相房玄龄 〇七一
博古通今，辅佐秦王
贞观名相，制定政令

杜如晦能谋善断 〇七四
世家之后，追随秦王

政务繁忙，鞠躬尽瘁

博学大儒颜师古 ○七六
名门之后，青出于蓝
订正讹误，功绩卓著

骨鲠大儒萧瑀 ○七九
出身显贵，高祖心腹
耿直忠贞，两袖清风

大唐战神李靖 ○八一
统一江南，北抗突厥
性情沉稳，知足而退
老将出马，西域安定

千古名将李勣 ○八四
出身土豪，聚义瓦岗
效力大唐，战功赫赫
支持武后，陪葬昭陵

尉迟敬德英勇救主 ○八七
从军反隋，接连惨败
投效大唐，奋力救主
开国功臣，安享晚年

传奇猛将程咬金 ○八九
保护乡民，投奔瓦岗
归唐为将，屡立战功
讨伐突厥，善终于家

开国驸马柴绍 ○九一
尚武好侠，开国驸马
所向披靡，凌烟功臣

侯君集恃宠矜功 ○九四
建唐有功，两征西域
心生不满，谋反被斩

薛仁贵三箭定天山 ○九七
武艺超群，一鸣惊人
勇猛无敌，屡建战功

苏定方定国安边 ○九九
随父护乡，入唐为将
戎马一生，定国安边

药王孙思邈 一○一
妙手回春，医德高尚
勤于笔耕，著述颇丰

唐高宗懦弱失权 一○三
生性懦弱，被扶为君
迎立武后，大权旁落

一代女皇武则天 一○五
天生丽质，深得君心
荣登后位，垂帘听政
废唐建周，一代女皇

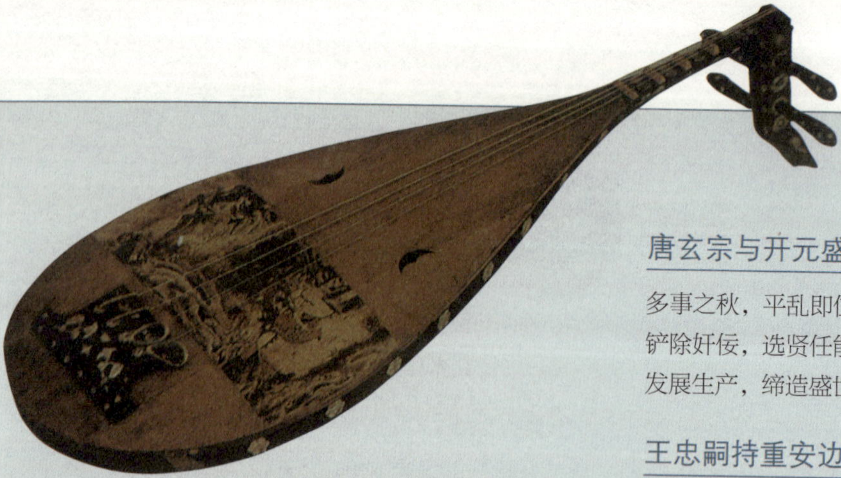

李敬业讨伐武后	一〇七

胆大勇猛，举兵反武
谋略有限，兵败遭杀

酷吏来俊臣	一一〇

市井无赖，攀诬武后
利用私权，残杀无辜
作孽太多，恶人遭诛

护国良相狄仁杰	一一三

刚正廉明，犯颜死谏
清正惠民，被诬遭贬
武后器重，鞠躬尽瘁

娄师德唾面自干	一一六

投笔从戎，反击吐蕃
唾面自干，为官清廉

张柬之逼宫复唐	一一九

老当益壮，接任宰相
出谋划策，兵变复唐

韦后专权乱政	一二二

中宗登基，韦后弄权
秽乱宫廷，临朝摄政

唐玄宗与开元盛世	一二五

多事之秋，平乱即位
铲除奸佞，选贤任能
发展生产，缔造盛世

王忠嗣持重安边	一二八

出身名门，骁勇善战
镇守边疆，屡立战功

救时宰相姚崇	一三一

先辅武后，后侍睿宗
才能出众，再任宰相
捕蝗救农，安享晚年

一行测量子午线	一三四

功臣之后，苦研天文
实地测量，证实差谬

四朝元老张说	一三六

文思缜密，四朝元老
因罪遭贬，安边有功
屡结仇怨，宠幸不改

少年读全景资治通鉴故事5

———— 隋纪·唐纪 上 ————

隋 纪

公元581年~公元618年

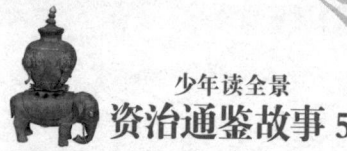

| 隋纪·唐纪 上 | 隋纪 | 勇比关张萧摩诃 |

萧摩诃是陈朝的一位名将。他勇猛善战，胆识过人，在万名敌军中取其上将首级犹如探囊取物。只可惜，他入隋后久不得志，又卷入政治斗争，最终兵败身死，实在让人感叹不已。

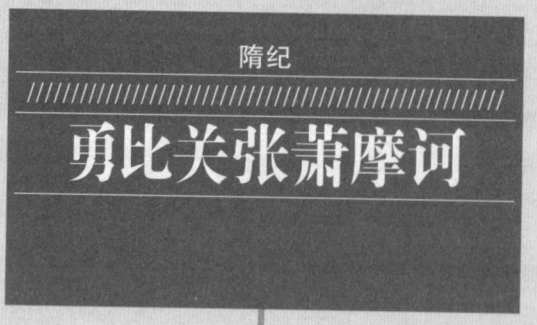

少年英雄，彪炳史册

萧摩诃，祖籍东海兰陵（今山东枣庄峄县），字元胤。兰陵萧氏是当时的名门望族，地位显赫。萧摩诃的爷爷萧靓曾任梁朝的右将军，其父萧谅也曾是梁朝的始兴郡丞。

萧摩诃才几岁时父亲就离开了人世，于是他就寄居在南康的姑父蔡路养家中。长大后的他性格坚强勇敢。萧摩诃十几岁时入伍，表现甚佳。

侯景之乱爆发后，天下震惊。陈霸先发兵前往建康征讨侯景。蔡路养受广州刺史萧勃之命带领两万兵马阻击陈霸先。萧摩诃也随姑父出征，他单骑出战，"军中莫有当者"，展示了超出常人的勇敢和沉稳。

然而，蔡路养最终败于陈霸先之军。萧摩诃和部队失散，被陈霸先的良将侯安都收留。侯安都一直都很赏识萧摩诃，非常器重他。

573年，陈宣帝陈顼打算攻打北齐，就令吴明彻负责讨伐等事宜，并和都官尚书裴忌率领十万大军北上。此次北伐，战况异常激烈，萧摩诃也跟着主帅吴明彻出战。

之后，北齐派了十几万精兵良将来抵抗陈军，除了督战大将尉破胡外，还有众多身高八尺、臂力超群的骁勇将士，以及一个精于骑射的彪悍胡人。陈军见敌军如此强大，还没开战就已经心惊胆寒。

吴明彻见军队还没作战就先在气势上输了，于是叫来萧摩诃，并对他说道："我军气势顿挫。你有关张之名，敢去取下那胡人的头颅吗？"

萧摩诃毫不犹豫，立即答道："只要您告诉我他的长相，我一定能取回他的首级。"吴明彻将被擒的北齐兵卒叫来，让他们详细描述那胡人的相貌，接着又亲自斟酒给萧摩诃，为其壮行。萧摩诃一饮而尽，之后就独自冲齐军杀去。那胡人刚出军营，就见一人骑着马冲杀过来，还没来得及拿出弓箭，就被这人远远地以一种特制的短兵器击中前额，当场毙命。此时，有十几个骁将冲出了齐营，杀向萧摩诃，也都成了萧摩诃的刀下鬼。齐军见这个勇士轻而易举就杀死了这么多骁将，认为陈军的实力太强了，都吓得魂不附体，才打了几个回合就都仓皇后撤了。陈军马到成功，萧摩诃可谓功莫大焉，因此被封为廉平县伯，不久进爵为侯，改任太仆卿。

平叛功臣，荣宠加身

582年，陈宣帝驾崩，太子陈叔宝理应登基为帝。可陈宣帝的次子始兴王陈叔陵早就想篡夺皇位了，歹毒的他闻听先皇驾崩，就想趁势杀了太子。宣帝驾崩的第二天，陈叔宝在灵位前痛哭不止时，陈叔陵突然从袖中拿出一把锉药刀冲他的脖颈刺去。陈叔宝被击中脖颈，昏厥倒地，幸好皇太后、陈叔宝的乳母及陈叔宝的另一个弟弟陈叔坚拼死相护，才救下了陈叔宝。

陈叔陵竭力挣扎着逃出了皇宫，之后就召集部下，发兵反叛。陈叔宝有惊无险，虽被刺了

隋纪·唐纪 上　　隋纪　　勇比关张萧摩诃

一刀，却没有丧命，便命大将萧摩诃领兵征讨陈叔陵。

萧摩诃勇猛善战，只带了数百名将士就打败了叛军，并斩杀了陈叔陵。陈叔宝登基后，就封赏功臣萧摩诃，不仅封他为散骑常侍、车骑大将军，赐号绥建郡公，赐三千户食邑，还把陈叔陵的不少家产赏给了萧摩诃。没多久，他又封萧摩诃为侍中、骠骑大将军、左光禄大夫。同时，他还许诺让萧摩诃之女做太子妃。此时的萧家可谓风光无限。

英雄迟暮，国破身亡

陈叔宝（即陈后主）登基后，宠信奸佞，迷恋美色，不理朝政，致使国家腐败混乱。北方的隋朝国力强盛后，陈朝受到了严重威胁。

588年，隋朝大将贺若弼、韩擒虎、杨广率军兵分三路渡江。萧摩诃多次奏请陈后主发兵与隋军决战，可陈后主沉迷于酒色，不予理睬。直到次年隋军逼近建康时，陈叔宝才明白形势危急，急忙命萧摩诃领兵迎敌。

然而，正当萧摩诃率兵在战场上和隋军殊死拼杀时，后方却发生了一件令人不齿的事情。原来萧摩诃在原配妻子病故后，又娶了一位妙龄女子。陈后主听说萧摩诃的继室貌美如花，就趁萧摩诃率军外出作战时，派人将其传进宫里，占为己有。

萧摩诃知道此事后无比震惊，尽管他还是坚持作战，却心神不定，再加上他已年迈，所以陈军最终没能抵挡住隋军，全军溃败。隋军擒拿了萧摩诃，但他仍然气定神闲，毫无惧色。隋军将士都暗暗称奇，称赞他的英勇无畏。

陈朝被灭后，在隋文帝的授意下，萧摩诃做了汉王杨谅的辅臣。

多年后，杨谅谋反，萧摩诃也参与其中，后被俘处死，时年七十三岁。一代良将落得如此下场，实在可悲可叹。

◀（西晋）陈武帝故宫圣井

圣井始建于西晋永嘉年间，有一千七百多年历史。相传南北朝时期陈朝开国皇帝陈霸先出生后以井水沐浴，故名"圣井"。

少年读全景
资治通鉴故事5

| 隋纪·唐纪 上 | 隋纪 | 隋文帝与开皇之治 |

北周后期，战争不断，百姓生活困苦不堪。贵族出身的杨坚逐渐把持朝政。到了581年，他在消灭皇族势力以后，便废掉旧帝自立为帝，改国号为"隋"。他称帝以后，隋朝国力迅速增强，一举平定南陈，使数百年来一直处于分裂状态的中国得以统一。此后，国内政治稳定，百姓生活富庶，历史上称之为"开皇之治"。

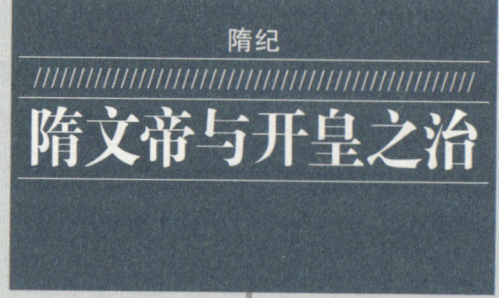

隋纪
隋文帝与开皇之治

终日沉湎酒色。由于纵欲过度，他的健康状况急剧恶化。公元580年，周宣帝一命呜呼，时年二十二岁。

周宣帝死后，年仅八岁的宇文阐即位，是为周静帝。杨坚自封为大丞相，总理全国军政要事，从此开始积极为夺取皇位做准备。很快，他就铲除了皇族的势力，平定了各地叛乱，完全掌控了北周。

581年，杨坚见时机成熟，便废掉周静帝，正式称帝，改国号为"隋"，定都长安，年号"开皇"，史称隋文帝。

出身贵族，代周建隋

杨坚是弘农华阴（今陕西华阴）人。他出身显贵，祖上是东汉时期著名的清官杨震，杨家从那时开始，直到南北朝时期一直都是名门望族。杨坚的父亲杨忠于537年投拜西魏权臣宇文泰，后在宇文家族夺权建立北周的过程中立下了汗马功劳，曾官至柱国、大司空，并被封为"随国公"。

杨坚出生在这样一个显贵的家族里，十四岁便已得到了官位，不满二十岁就被封为随州刺史。后来，北周权臣独孤信看中了杨坚的潜在实力，便把女儿嫁给了他，她就是后来大名鼎鼎的独孤皇后。与独孤氏联姻后的杨坚如虎添翼，势力更加强大。

当时，周武帝宇文邕为了稳固政权，极力笼络杨坚，命太子宇文赟迎娶杨坚的长女，使得杨家的地位更加显赫。宇文赟即后来的周宣帝。他即位后，身为国丈的杨坚遂被晋封为上柱国和大司马。周宣帝是个名副其实的昏君，性情暴躁，

▶隋文帝像
隋文帝杨坚（541~604），隋朝开国皇帝，谥号文帝，庙号高祖。他成功地统一了已经处于分裂状态几百年的中国。

少年读全景
资治通鉴故事 5

▶▶ 隋纪·唐纪 上　　▶▶ 隋纪　　▶▶ 隋文帝与开皇之治

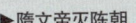
▶隋文帝灭陈朝
隋文帝统一北方之后，又定下"瞒天过海"之计，隋军一举杀过长江，灭掉陈朝，生擒陈后主，结束了长期以来南北割据的局面。

一统天下，开创盛世

　　登上了梦寐以求的帝位之后，杨坚并不满足，他开始规划统一大业，首先就是对付北面的突厥。突厥本是活动于中亚地区的游牧民族，后东迁至蒙古草原一带，在隋朝建立以前就经常骚扰中原，杨坚登基后，视其为心腹大患。就在杨坚即位当年，突厥可汗沙钵略乘隋朝新立，率领大军大肆攻掠隋北方要地。隋用分化突厥和削弱、孤立沙钵略的策略，终于遏制了突厥的大规模攻势。随后，杨坚三次下令修长城，以巩固北方的防御线，有效地抵御了突厥的入侵。

　　北方安定之后，杨坚便能够安心地平定南方了。当时陈朝占据江南。隋文帝先消灭了江陵的后梁政权，因为江陵地处攻陈前线，又是军事要地，攻下它是灭陈的首要条件。接着，隋文帝广泛征求灭陈的策略，最终制订了从长江上游和中下游夹击陈朝的作战方案。他派遣文武兼备的韩擒虎、贺若弼、杨素等人赶赴前线，又听取了丞相高颎的意见，干扰陈的农业生产，麻痹陈的将士，最终取得了灭陈战争的胜利，成功统一了全国。

　　隋文帝统一全国影响深远，它结束了中国自西晋末年至当时近三百年的分裂割据局面，为发

| 隋纪·唐纪 上 | 隋纪 | 隋文帝与开皇之治 |

展经济、保持社会稳定、促进文化交流创造了良好的条件。更重要的是，自此以后统一的观念更加深入人心，极大地增强了中华民族的凝聚力。隋文帝杨坚也因此功绩受到了后人的高度赞扬。

统一全国之后，杨坚便开始了一系列的改革。

首先，确立三省六部制。中央设尚书、门下、内史三省，分别以尚书令、纳言、内史令为长官，行使宰相权力，辅佐皇帝处理政务。这样不仅加强了中央集权，而且开启了中国封建社会政治体制发展的新阶段。其次，简化地方建制。南北朝以来，郡县设置过多。为了改变"民少官多，十羊九牧"的局面，隋文帝废郡，改为州、县二级制，后又将"州"改为"郡"，实行郡领县制，精简了机构，为国家节省了大量开支。再次，修订《开皇律》。北周法律严苛，文帝改革律法，减轻了法律的残酷性和野蛮性，对后世影响深远，在中国法制史上具有划时代的意义。最后，颁布均田令。隋初继续实行均田制，对一般农民采取轻徭薄赋的政策，对豪强地主兼并土地的行为则给予严厉打击，如此一来就提高了农民生产的积极性。据说隋朝灭亡二十年后，官仓的粮食还没有吃完。

隋文帝还有一个特殊的贡献，就是变革人才选拔制度。在隋以前，朝廷选拔官员大多是根据个人的家庭背景，很多才华横溢的有学之士仅因出身低贱就被排挤在官场之外。隋文帝认识到这种选拔方式的弊端，遂废除这样的选官制度，主张选拔政府官员应"重才智而轻门第"，初步建立起通过考试选拔人才的制度。

隋文帝还是一个厉行节俭的皇帝。他还曾教训太子杨勇："自古以来没听说有奢侈腐化而国家能长治久安的。你身为太子，更应注意节俭。"他的车马用具坏了，从来都是派人去修，不到万不得已不做新的。有一年，关中闹饥荒，他得知百姓吃糠拌豆粉，就自责没有治理好国家，命令大臣们饥荒期间不准喝酒吃肉。隋文帝躬身践行，不仅减轻了百姓的负担，也为天下人树立了良好的榜样。

在隋文帝的精心治理下，开皇年间，隋朝政治清明，府库充实，垦田速增，文化进步，甲兵强锐，隋朝呈现出一派欣欣向荣的盛世局面，史称"开皇之治"。杨坚不仅完成了统一大业，还使隋朝在短时间内迅速繁荣强大起来，成为当时世界上最强大的国家，其功德可谓照耀古今。

▲（隋）张盛墓伎乐人俑（其一）
这是张盛墓中的一个伎乐人形象，为当时乐队中的坐部伎。这组伎乐俑头梳平髻，脑后插梳，黑发朱唇。长裙系于胸前，双带下垂，跽坐，所持乐器有竖箜篌、琵琶、钹、笛、觱篥、排箫等。原人物衣裙上施彩，现大都已脱落。

>> 隋纪·唐纪 上　　>> 隋纪　　>> 独孤皇后妒贤并称

隋纪
独孤皇后妒贤并称

隋文帝杨坚的皇后独孤氏名独孤伽罗，是后周大司马独孤信的第七女。独孤家素为关陇地区的豪门，"当时荣盛，莫与为比"。后来，独孤伽罗的大姐做了北周明帝的皇后。在那个极重门第的时代，这更是非常荣耀的事。由于家庭原因，独孤伽罗自幼就谙悉上层社会的各种生活礼仪和规范，这对她的一生有很深的影响。

严治后宫，管束皇子

独孤伽罗十四岁时，由父亲做主嫁给了杨坚，两人非常恩爱，还有了"誓无异生之子"的约定。

隋文帝登基后，主动吸取前朝教训，开始大刀阔斧地进行体制改革和朝纲整顿，力求建立一个开明的朝代。而独孤皇后也是一名颇有远见卓识的聪慧女子，她并没有因为一朝封后而得意忘形、胡作非为。早在杨坚计划夺取皇位的过程中，她就曾为其献计献策，四处奔走；被封后以来，她更是积极整顿后宫，努力为皇帝营造一个良好的后宫环境。前朝美人亡国的例子不胜枚举。独孤皇后深知"自古红颜多祸国"的道理，决心杜绝后宫纷争，让皇帝全心治国。

独孤皇后禀告文帝以后，便开始了对宫内体制的改革。她废除三宫六院的惯例，倡导节俭，禁止宫内女子浓妆艳抹、锦衣华服，禁止她们随意亲近皇帝，并严格规范她们的言行举止。整个后宫在独孤皇后的管控下，显得静谧而肃穆，虽然后宫之人心中多有不满，但因惧怕独孤皇后的身份和权势而不得不屈从。

除了大力整饬后宫，独孤皇后甚至还为了隋朝的未来而强行干涉太子杨勇的私人感情生活。独孤皇后认为元氏的女儿性格温婉贤惠，仪态端庄大方，是将来母仪天下的最佳人选，因而做主将其选定为太子妃。但是按照惯例，独孤皇后又不得不另立云氏的女儿为昭训（太子妾的封号）。云昭训活泼开朗，聪颖伶俐，但独孤皇后认为她与元妃相比不够稳重，过于轻佻，所以要求太子与云昭训保持距离。可太子却不喜欢端庄文雅的元妃，偏偏对云昭训宠爱有加，整日跟云昭训待在一起，对独孤皇后的期望置若罔闻。独孤皇后听闻此事后极为不满。后来云昭训生下了太子的骨肉，独孤皇后对太子彻底失望，便极力说服文帝改立太子。

◀（隋）观音菩萨像
该像制作年代为隋仁寿二年（602），铜镀金，现收藏于首都博物馆。该坐像头上有宝冠与高发髻，刻画简略。身着通肩大衣，左手抚膝，右手扬起，坐下有垫，边角垂下。像底设有复合式台座，上部柱形，下部方框形。菩萨身后有尖顶舟形背光，背光后面有铭文："仁寿二年三月八日王仁弟子王竟敬造。"

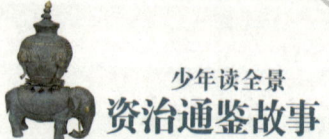

隋纪·唐纪 上　　隋纪　　独孤皇后妒贤并称

公私分明，贤达明理

独孤皇后在对待国事上是十分开明豁达的。有一回，幽州总管曾想把一盒价格不菲的珠宝献给独孤皇后，独孤皇后婉言谢绝了。她对前来献宝的人说："我现在用不着这些东西。如今突厥屡次侵犯大隋边境祸害百姓，大敌当前，还是把这些珠宝赏赐给前方保家卫国的将士们吧！"朝野百官和边关将士听说这件事后，都对独孤皇后大加赞赏。

每逢文帝上朝主持政事，独孤皇后都会亲自跟车送驾，一直护送到殿阁外才独自返回后宫。同时，她还吩咐侍者随时留心皇上处理政务的情况，以便及时发现和指出他的失误，提出补救措施。但独孤皇后只是一心辅佐文帝，并不直接干涉朝政。

有一次，独孤皇后同父异母的弟弟独孤陀因琐事与皇后结怨，便使用巫术来诅咒皇后，被人举报后投入大牢。独孤皇后为这件事一连几天都吃不下饭。后来她向文帝求情，说："倘若他犯下了祸国殃民的死罪，我绝不敢前来为他开脱。但是我实在不忍心看到他只是因为诅咒我而被处死，恳请皇上免他一死吧。"最后，独孤陀被赦免死罪。

独孤皇后这种公私分明、不计前嫌、宽宏大量的品格得到了文武百官、黎民百姓的敬佩，所以当时宫中把她和文帝并称为"二圣"。

但是，独孤皇后仅仅因为个人的偏好就极力

▲（隋）青釉四系罐

罐圆口，无颈丰肩，腹略鼓，腹下渐敛，近底处外撇，圈足。肩部四系对称，腹部凸起弦纹三道。器身施釉不到底，有垂流痕迹。底无釉。四系罐最初发现于河南安阳卜仁墓中，以后又在河南其他地区和陕西、河北等省出土，但在南方的隋墓中很少发现，可见它属于北方青瓷系统，为北方人喜用的一种器物。此罐的造型和施釉方法，为隋代典型器物特征。

说服文帝废掉太子杨勇，改立善于伪装、暴虐无道的杨广为太子，隋朝最终毁于杨广之手，令人唏嘘。

隋纪·唐纪 上 ▶▶ 隋纪 ▶ 杨广窃取皇位

杨广就是遭万世唾骂的暴君隋炀帝，他虚情矫饰，骗得父母的好感，使他们废掉太子杨勇，立自己为嗣。后来隋文帝莫名其妙地驾崩，他得以顺利登基，并杀死了自己的哥哥杨勇。杨广即位以后，穷兵黩武，曾三伐高句丽无功而返，还滥用民力大兴土木，甚至为满足私欲三游江都。他在位期间，百姓的徭役、税赋日益繁重，民间怨声载道。于是，各地义军纷纷揭竿而起，并合力推翻了他的残暴统治，而杨广最终也落得个被缢死的悲惨下场。

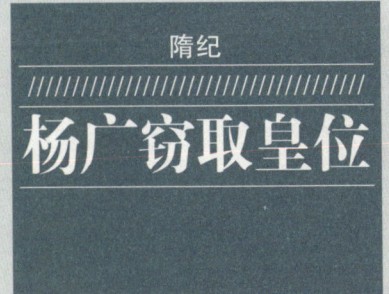

隋纪
杨广窃取皇位

南征北战，战功赫赫

隋文帝杨坚称帝时，杨广刚满十三岁，那一年他被封为晋王，同时还任并州总管一职。

当年隋文帝总结前朝灭亡的教训，认识到兵权的重要性——假如当初北周有亲信掌握兵权辅佐皇帝，自己未必能轻易灭掉北周。所以他才把守护城池的任务交给了年仅十三岁的皇子杨广。为了培养皇子的管理能力，隋文帝特地为杨广延请了才识过人的王韶做辅臣。王韶不负圣命，竭尽全力辅佐杨广。

588年，文帝下令向陈国发动全面进攻，阵线从东部沿海顺着长江直达今天的四川，当时统率隋朝五十万大军的正是皇子杨广。然而，真正出谋划策、带兵杀敌的却是杨素、贺若弼和韩擒虎等诸位将领。击溃陈军后，大军驻扎建康，杨广作为统帅表现得无可挑剔：他先是斩杀了陈后主身边的那些乱臣贼子，然后封存库银粮饷，最后亲自押送陈氏皇族回京。回到长安后，杨广因功勋卓著而被封为太尉。

600年，突厥人开始扰边，他们肆无忌惮地打砸抢烧，无恶不作。文帝命杨广率领众将士反击，经过一番鏖战，终于逼退了突厥。

同其他皇子相比，杨广参与了较多战事，而且大多是得胜归来。然而这些显赫的功名也满足不了他那极度膨胀的欲望，于是他开始把目光转向了皇位。

◀隋炀帝像
隋炀帝杨广（569~618），隋朝的第二个皇帝。登基后，他巡视边塞，开通西域，开展工程建设。但他穷兵黩武，征敛重税，使百姓生于水火，终以残暴留名于世。

隋纪·唐纪 上　　隋纪　　杨广窃取皇位

善于伪装，入主东宫

隋文帝杨坚的五个儿子（大皇子杨勇、二皇子杨广、三皇子杨俊、四皇子杨秀、五皇子杨谅）全都是独孤皇后所生。隋文帝登基后，依照惯例将大皇子杨勇立为太子，但二皇子杨广居功自傲，逐渐产生了取代皇兄的念头。

杨广生性骄奢淫逸，但他善于隐藏缺点，伪装自己。他发现太子杨勇的奢侈享乐引起了父皇母后的不满，就把自己伪装成一个简朴、老实的孝顺之人，以博取父皇母后的好感。每次得知父皇母后要来，他就把那些年轻美貌的姬妾藏起来，然后亲自同原配萧氏一起到门口迎驾，只让年老的女仆们穿着破旧的衣衫侍奉父皇母后。他的伪装逐渐骗取了文帝和独孤皇后的信任。同时，他还常常贿赂宫中侍者，让他们经常在父母面前夸赞自己。

不仅如此，他每次奉召进京，都特地把自己打扮得十分朴素，坐旧车，驾老马，用老仆，对父母也十分孝顺，关怀备至。当得知太子只肯亲近下人而不愿理睬百官引起朝中众臣不悦后，杨广每次进京都专门去拜访朝中文武百官，他谦卑的态度和礼貌的言辞赢得了满朝文武的赞誉。每次离京前，他都要进宫辞别母后，临别时还要假装很伤心地痛哭。这样一来，皇后便觉得杨广是最孝顺的皇子。

太子杨勇却恰恰相反，他胸无城府，自由随性。明知父皇母后倡导节俭，他依然铺张浪费；明知皇后最恨男子姬妾成群，他仍然寻欢

◀（隋）黄釉陶镇墓兽
狮形镇墓兽，呈蹲坐状。怒目圆睁，面目狰狞，头生独角，造型生动。全身施黄釉。镇墓兽是古代较为普遍的一种随葬品，用以守卫墓门，镇压鬼祟。

少年读全景
资治通鉴故事 5

▶▶ 隋纪·唐纪 上　▶▶ 隋纪　▶▶ 杨广窃取皇位

作乐。不仅如此，他还故意冷落母亲精心为他选定的元妃。这些都引起了父母的不满，但他自己却不愿收敛，还心安理得地接受文武百官的朝拜，这更激起了文帝的不满。

这时，杨广已经开始千方百计地谋划夺位了。为了夺得太子之位，杨广不惜演戏诬陷太子杨勇。有一回，杨广在探望皇后时突然跪倒在地，并失声痛哭起来。皇后问他发生了什么事，他回答说皇兄杨勇正在预谋杀害他。原本就对杨勇失望至极的皇后对此深信不疑。此后，独孤皇后经常在文帝面前数落杨勇的不是，时间长了，连文帝也开始讨厌杨勇了。

另外，杨广还采用了心腹宇文述的建议，极力拉拢宠臣杨素。为了说服杨素在废立太子的事情上帮助自己，杨广派宇文述先去拉拢杨素的弟弟杨约，然后再一步一步接近杨素。于是，宇文述经常找机会陪杨约赌博，并且故意让他赢去很多钱，然后趁他高兴的时候吓唬他说："现在太子杨勇跟你们兄弟的关系这么恶劣，一旦将来他登基，你们兄弟就该遭殃了。"杨约吓得忙问该怎么办，宇文述便让他说服哥哥杨素在文帝面前多夸赞杨广，同时压制朝中支持杨勇的大臣。在杨广的精心策划下，没过多久，杨勇的太子位就被废掉了，杨广终于如愿以偿登上了太子之位。

阴谋得逞，窃居帝位

当上了太子的杨广依然感觉不踏实。为了确保自己能在太子位上坐得稳妥，他指使杨素诬陷自己的皇弟杨秀，借不明就里的文帝之手把杨秀贬为庶民。604年，文帝病重，卧床不起，在仁寿宫养病。觊觎皇位已久的杨广等得有些不耐烦了，便找杨素商量对策。想不到杨素的回信却落在文帝手里，文帝看到信的内容后大发雷霆。紧接着，宣华夫人也来到文帝床前哭诉杨广冒犯自己。火冒三丈的文帝急召杨勇入宫，想废掉杨广重立杨勇。

杨广听到风声，立刻把文帝身边侍者全换成自己的心腹。没过多久，隋文帝就驾崩了，所以有人猜测文帝是被杨广谋害致死的。同时，杨广还假传圣旨将杨勇一家满门抄斩以绝后患。604年，杨广如愿登上皇位，史称隋炀帝。

虽然杨广文武双全，但其本性贪婪残暴。夺取皇位后，他整日醉生梦死，荒淫无度，终于激起民愤，把自己送上死路。

◀（隋）藻井图案
位于敦煌莫高窟第四百零七窟。藻井是石窟建筑顶部的装饰图案，也是敦煌图案中的精华。此窟为覆斗形顶，藻井中心绘一朵八瓣大莲花，圆心绘盘旋追逐的新纹样。莲花四周环绕飞翔着八飞天，井心四边画菱格莲花纹边饰和铺于四周的四角帷幔。

011

少年读全景 资治通鉴故事 5

▶▶ 隋纪·唐纪 上　　▶▶ 隋纪　　▶▶ 隋炀帝开凿大运河

隋纪

隋炀帝开凿大运河

隋炀帝在位时，下令开凿了大运河。这条运河的开凿耗时六年，连通了我国五大自然水系（长江、淮河、黄河、海河、钱塘江）。虽然隋炀帝开凿运河的主观目的是便于享乐，但大运河在客观上却巩固了南北的统一，在军事上能确保军需的供应，在经济上促进了南北交流，其积极作用不容忽视，因此它被誉为世界上最伟大的工程之一。

巩固统治，开凿运河

江南地区的经济早在魏晋南北朝时期就已经有了快速的发展。隋时，扬州一带是江南最繁华的地区。隋朝的都城定在北方，虽然北方的经济发展得也很好，但由于两京和边防军要消耗很多粮草，而这些粮草主要依靠江淮地区供应，只靠陆路运输是远远不够的。因此，开通运输粮草的运河成为当时社会经济发展和军事的需要。从政治角度讲，隋朝政府也迫切需要开通一条贯通南北的运河，以加强对南方地区的控制。同时，喜爱吃喝玩乐的隋炀帝也希望能经常乘龙舟到江南去寻欢作乐。当时，隋朝政府财富充足，为开通运河提供了良好的物质条件。因此，炀帝从政治、军事、经济上综合考虑，决定利用旧有渠道和天然河道，打通一条贯穿南北的大运河。

事实上，隋文帝在隋朝建立初期就开始修筑水运渠道了，当时是为了把南方的粮草物资输送到关中，以夯实新王朝的经济基础，巩固杨隋政权。584年，建筑专家宇文恺奉命征调民夫开掘了"广通渠"。这条渠长达一百五十多千米，把渭河的水向东引至潼关，很好地解决了关内的漕运问题。

587年，为了给将来调动兵力、吞并江南做准备，文帝征集了大量的人力和物力，开始开凿"山阳渎"。这条运河是沿着春秋时吴王夫差开掘的邗沟旧道开凿的，从今江苏扬州一直通到江苏淮安，沟通了长江和淮河两大水系。山阳渎开通的第二年，文帝便发兵攻陈，而这条运河对当时兵力的调运和后勤的保障都起到了至关重要的作用。

而炀帝开凿的这条运河以洛阳为中心，从北向南分为三段：北段名为"永济渠"，从涿郡（今北京）西南通往洛阳；中段名为"通济渠"，从洛阳直通山阳，再从山阳连接隋文帝开通的山阳

| 隋纪·唐纪 上 | 隋纪 | 隋炀帝开凿大运河 |

溇,继续向南延伸至扬州,最后抵达长江;南段名为"江南河",从京口(今镇江)通向余杭(今杭州)。整条运河北起涿郡,南到余杭,沟通了海河、黄河、淮河、长江和钱塘江五大水系,西接关中盆地,北至华北平原,南抵太湖沃土,绵延四五千里,是当时世界上最宏伟的水利工程。

劳民伤财,泽被后世

605年,尚书右丞皇甫议奉炀帝的旨意在全国征集了一百多万劳力前往开凿通济渠。这条水渠从洛阳西边引谷水、洛水入黄河,再从汜水县东北面引黄河水经荥泽流入汴水,又从汴州东边引汴水进入安徽泗水并连通淮河,接着再从淮河引水流经邗沟到达江都(今扬州),最后将邗沟向南延伸,与长江汇合。这条运河宽二百四十尺,两岸专门建有方便隋炀帝出行的便道,两旁遍植杨柳,在通往江都的沿岸还修建了四十多座行宫。隋炀帝三下江南都是走的这条水路,所以通济渠又名"御河"。

隋炀帝在通济渠开工当年盛夏便乘龙舟东游。这样一项浩大的工程耗时还不到半年的时间,足见当时劳役之苦,这在中国乃至世界水利工程史上都是绝无仅有的。608年,隋炀帝又征集一百多万军民发往河北开掘永济渠。作为黄河的支流,沁水根本就不需要由人工"引"到黄河。事实上隋炀帝意在挖掘沁水的上流,让它与清、淇两水相接,最后到达涿郡。

610年,隋炀帝下令开掘京口至余杭段的"江南河"。河的两岸修筑有御道驿宫,为隋炀帝东游会稽做准备。江南河为隋炀帝搜刮江南民脂、满足其腐败的物质享受提供了便利。

从当时情况看,隋炀帝为巩固统治和满足私欲而开通运河,给老百姓带来了巨大的灾难。运河从605年开工到610年贯通,共征调三百多万来自河南、河北、淮南、淮北和江南各地的贫苦百姓及普通士兵。在挖掘永济渠时,由于男丁不足,竟然还征调女子。在挖凿过程中,大批劳力积劳成疾相继死去,千千万万家庭骨肉分离,家毁人亡。

但从长远来看,这条大运河并非一无是处,它不但对当时交通的发展、经济的繁荣、政治的稳定和文化的交流起到了一定的推动作用,甚至直到今天,这条运河依然发挥着积极的作用。它的长度在世界人工河中高居榜首,河道的深度和宽度以及通航能力也名列前茅。它集中体现了我国古代劳动人民无穷的智慧和伟大的创造力。

◀ 今天的大运河
隋代建造的大运河是世界上开凿最早、最长的一条人工河道,为沟通南北经济、文化等做出了巨大的贡献。

少年读全景 资治通鉴故事 5

隋纪·唐纪 上 | 隋纪 | 隋朝名将杨素

隋纪
隋朝名将杨素

杨素，字处道，弘农华阴（今陕西华阴）人，隋朝名臣、诗人，杰出的军事家、政治家，隋初四大名将之一。杨素出身士族，祖父杨暄官至北魏辅国将军、谏议大夫，父亲杨敷曾任北周汾州刺史。杨素"少落拓，有大志，不拘小节"，在随隋文帝讨伐异族、统一全国的过程中，统领全军奋勇杀敌，立下了赫赫战功，但终因功高盖主，晚年遭隋炀帝猜疑并受到排挤，最后郁郁而亡。

北周臣子，依附杨坚

隋朝初期，国内政局尚不稳定，北边突厥常来侵扰，南面陈国虎视眈眈。在这种局势下，隋文帝决定南征北伐，一统天下。为此，隋文帝招揽多位名将，其中就包括杨素。

杨素从小就有远大的抱负，他擅长文学和书法，史书上称他"研精不倦，多所通涉。美须髯，有英杰之表"。北周时，掌握朝政的重臣宇文护非常欣赏杨素，提拔他为大都督。

572年，北周武帝宇文邕除掉宇文护夺回朝政，曾被宇文护提拔的杨素受到株连，但是后来又被周武帝重新重用。575年，周武帝准备攻打北齐，杨素主动请战，表示愿意率领父亲杨敷的旧部担任先锋。周武帝应允了，并赐给他一条竹

策，说："朕方欲大相驱策，故用此物赐卿。"杨素跟随齐王宇文宪攻克了北齐的河阴。因战功显赫，杨素被封为司城大夫。

580年初夏，北周宣帝宇文赟病死，由于继位的北周静帝宇文阐年龄太小，所以由左丞相杨坚摄政。杨素知道杨坚势力庞大，且怀有谋位的野心，于是主动与杨坚结交并投靠到他的门下。杨坚久闻杨素才华过人，因此也十分器重他，没过多久就把杨素提拔为汴州刺史。

参与建隋，率兵南征

581年，杨坚身披黄袍，登上帝位，建立隋朝，准备攻占江南，实现南北统一。这时，上柱国杨素主动为隋文帝杨坚伐陈献计献策，他的建议得到隋文帝的认可，于是，他奉命以信州总管的身份负责灭陈的准备工作。杨素驻扎永安以后，立即召集大批工匠，着手制造舰船和训练水兵。数年后，他指挥造出了数千艘各种型号的战船，并训练好了一支战斗力强大的水兵队伍。

588年春天，文帝下诏出兵伐陈。同年秋天，杨坚在寿春

◀（隋）文官俑

隋朝废去九品中正制的选举制度，逐步建立科举制度，图中文官俑所指文官正处于科举制逐步建立的这一时期。此俑头戴方帻，上穿宽袖衣，下着曳地裳，腰束宽带，脚穿鞋。

014

隋纪·唐纪 上　　隋纪　　隋朝名将杨素

设淮南行台省，任命晋王杨广为"行台尚书令"，总督伐陈之战；杨素与杨广、秦王杨俊同为"行军元帅"。他们集齐水陆大军五十万，统一由杨广指挥调度，沿着长江分八路大军一起攻打陈国，其中水军主力由杨素指挥。杨素率领大军从巴东郡出发，顺江东下，一路攻打陈国的水陆两军。

一个月后，杨素率领大批水军从永安继续东进，一直抵达长江三峡，并快速向西陵峡的流头滩逼近。陈国将领戚昕用数千兵力和一百多艘战船死守要害狼尾滩，竭力阻止隋军继续东进。狼尾滩地形险峻，易守难攻。杨素采用智取的计策，没用几天就攻克了这一难关。

杨素向来反对虐待俘虏。他将所俘敌军全部释放，同时严明军纪，禁止侵扰百姓，达到了收买人心的效果。隋军乘胜继续向东进军，历经四十多场战争，终于在589年春将陈国守军彻底击败，使长江下游的另一路隋军顺利渡江，成功占领陈都建康，并活捉了陈后主，陈国灭亡。回朝后，杨素因屡建奇功而被晋封为郢国公，赐邑三千户。但由于前朝曾经有人被封为郢国公，所以后来杨素又被改封为越国公。

结交杨广，出谋划策

600年，晋王杨广被任命为灵朔行军元帅，杨素在其手下做长史，从此，二人开始互相勾结。后来隋文帝废掉太子杨勇而改立杨广，就与杨素的策划密不可分。

604年，文帝一病不起，便命杨素与柳述等人入阁候旨。文帝即将西去，杨广急于登基，于是他给杨素写了一封信求对策。杨素写好回信后差人传给杨广，但这封信却不小心传到了隋文帝的手中。隋文帝看到信后，终于看清了杨广的真面目。正当隋文帝因此事大发雷霆的时候，恰巧杨广企图冒犯隋文帝的爱妃宣华夫人，宣华夫人跑到隋文帝那里哭诉。

隋文帝闻讯，决心立刻废掉杨广，重立杨勇。入阁候旨的杨素很久没有得到召见，意识到情况有变。他差人打探到隋文帝正准备废掉杨广的消息后，立即与杨广商议对策。随后一系列的事情发生了：柳述被打入大牢；东宫卫士去上台守夜，由杨广心腹宇文述、郭衍亲自把住出入关口；张衡入宫服侍隋文帝，并把侍奉隋文帝的两位夫人驱逐到其他寝宫。没过多久，隋文帝便暴毙身亡了。

杨广在杨素的扶持下登上了皇位。登基后，他立刻指使杨素的弟弟杨约潜入长安除掉杨勇，然后把姐夫柳述流放到龙川，接下来又召诸皇弟进京，想斩草除根以绝后患。五皇子杨谅预感不妙，起兵对抗。于是，杨素被任命为行军总管，负责讨伐杨谅。

杨谅在晋阳被杨素打败，最终被囚禁致死。605年，隋炀帝封杨素为尚书令（尚书省长官）。几天以后，又加封杨素为太子太师，以此来奖赏杨素助他谋权篡位的功劳。

功高震主，郁积而终

杨素依仗皇帝的恩宠耀武扬威，除了牛弘等少数官员外，朝中大部分大臣都遭受过他的欺凌侮辱。史万岁是与贺若弼、韩擒虎齐名的良将功臣。视权如命的杨素担心他日后威胁自己的地位，便想方设法除掉了史万岁。

杨素的人生在政治生涯达到巅峰以后开始逐渐下滑。过去，他为帮助隋炀帝篡权夺位，曾不遗余力地出谋划策，二人可谓沆瀣一气，狼狈为奸；但现在炀帝已登基称帝，并铲除了皇室后患，杨素对炀帝来说已经毫无用处。同时，杨素位高权重，其亲戚子侄充斥朝廷，门客死党遍

少年读全景
资治通鉴故事 5

▶▶ 隋纪·唐纪 上　　▶▶ 隋纪　　▶▶ 隋朝名将杨素

◀ 科考放榜

我国自隋朝开始的科举制度在唐朝得以完备。唐朝科举考试分常科和制科两类，每年分期举行的考试称常科，由皇帝下诏临时举行的考试称制科。

及天下，这些都时刻威胁着杨广。更重要的是，炀帝篡权夺位的计谋就是杨素亲自策划的，他对于其中的细节心知肚明，难保日后不会帮助其他人再次篡位。于是，炀帝开始有了铲除杨素的念头。杨素闻讯，竟忧愤得一病不起。

得知杨素身患重病，炀帝假意差遣名医为其诊疗，并赐予贵重的药物，暗地里却偷偷打听杨素还能活多少时日。炀帝的话传到杨素的耳朵里，杨素明白自己已经没有机会东山再起了。606年夏天，杨素忧郁而亡，时年六十六岁。杨素一生指挥了吞并陈国、平叛江南、北伐突厥、扫平杨谅等重大战役，为隋朝统一中原、安邦定国做出了巨大贡献，但是他滥用职权、残害忠良的行径也常为后人所不齿。

| 隋纪·唐纪 上 | 隋纪 | 建筑奇才宇文恺 |

隋纪
建筑奇才宇文恺

宇文恺，字安乐，隋朝城市规划、建筑设计大师。他长期担任隋朝主管建筑的官职，主持修建了许多大型建筑。尤其是闻名天下的长安城和洛阳城的营建，不仅展示了他高超的建筑技艺和卓越的设计才华，也为后来各朝各代都城的修建树立了典范。

将门之后，建筑奇才

宇文恺是将门之后，他的父亲和兄长都是骁勇善战的沙场猛将，唯独他不爱习武，却热衷于工艺，尤其擅长建筑，曾参与了很多隋朝著名的工程建筑工作。事实上，唐朝闻名天下的长安和洛阳二都均修建于隋朝，宇文恺曾为这两座历史名城的修建做出过杰出贡献。

宇文恺的父亲宇文贵战功显赫，屡获升迁。早在北魏时期，宇文贵就已被封为武卫将军，任关内大都督。到了西魏时期，宇文贵又被加封为化政郡公，历任车骑大将军、仪同三司、骠骑大将军等职，位高权重。

到了北周时期，宇文贵被晋升为柱国，官拜御正中大夫，并加封许国公。宇文恺的大哥宇文善从西魏时期到北周时期官居许国公和上柱国。

▼（隋）东王公图
绘于莫高窟第二百四十九窟。图中东王公乘龙车，前有仙人引导，周围还有羽人、飞天等。骑龙持节的二方士分随龙车前后；有头顶竖耳、双臂生翼的羽人；有头似鹿、身似马、背生翼的飞廉；有虎头人身、头生双角、手足有爪、两臂生翼的中国力士乌获；人头鸟身的禺强奔驰导引在前，人头龙身、背生双翼的开明尾随于后，白鹤相伴翱翔。在壁画白底空隙间，以青绿点染绘成浮云和富有旋动之感的天花，营造了神仙流云、满壁风动的场景。

少年读全景
资治通鉴故事 5

▶▶ 隋纪·唐纪 上　　▶▶ 隋纪　　▶▶ 建筑奇才宇文恺

▲ 古城西安

西安，旧称长安，是我国七大古都之首。我们所熟知的唐长安城，就是建筑大师宇文恺的杰作。明代洪武二年（1369），明廷改称长安为西安府，并在唐长安城皇城的基础上修建城墙，奠定了今日西安城区的风貌。

二哥宇文忻十八岁便被北周朝廷封爵兴固县公，官至仪同三司，后来又因功勋卓著而被提拔为开府、骠骑将军，并荣升为化政郡公，到了北周末期，已经高居上柱国，并晋升为英国公。

宇文恺生于这样的显贵家族，年仅三岁便被赐封双泉伯，到七岁时就袭爵安平郡公。到了北周末年，宇文恺已历任右侍上士、御正中大夫和仪同三司等职。580年，杨坚在北周拜相，随即提拔宇文恺为上开府、匠师中大夫。《唐六典》中记载："后周有匠师中大夫一人，掌城郭、宫室之制及诸器物度量。"根据史学家考证，北周确实设有"匠师中大夫一人，正五命"。可见，青年时期的宇文恺凭借自己的才干，早已在建筑工程领域声名远扬了。

身受皇命，兴建隋都

581年，杨坚称帝，即隋文帝。他登基以后立即开始着手铲除北周皇室宇文一族的势力，以绝后患。原本宇文恺也在文帝的诛杀名单里，但因其宗族与北周皇室分属宇文氏族的两个不同分支，而且他的二哥宇文忻曾为文帝夺得政权出了很多力，加之文帝又十分欣赏宇文恺的才华，因此他才得以逃过大劫。

后来，宇文恺在文帝下令修建宗庙时被重新任用。他被任命为营宗庙副监和太子左庶子，全权监理宗庙工程。竣工后，功臣宇文恺被晋封为甑山县公，并获赏邑一千户。

582年，隋文帝下令建设新都大兴城（今陕西西安），命宰相高颎为大监，负责总领大纲；命宇文恺为营新都副监，全权负责规划设计。这座大兴城由宫城、皇城和郭城组成，并非是改建、扩建旧有城池，而是在一片空地上从头规划、设计、筹建新城。经过仔细研究，宇文恺拟定出了先修建宫城，再修建皇城，最后修建郭城的建筑计划。

大兴城从582年初夏破土动工，到年底基本完工，再到583年春天文帝迁入使用，前后仅用了九个月的时间。能在这么短的时间内完成如此庞大的工程，令人称奇。大兴城建设速度如此之快也从一个侧面反映出，管理者宇文恺在整个工程的规划、设计、施工和监理上安排得多么科学，在人力、物

隋纪·唐纪 上　　隋纪　　建筑奇才宇文恺

力的调用上考虑得多么细致。此外，宇文恺还必须综合考虑地理地势、水源走向和作为政治、经济、军事、文化中心所应具备的功能，合理安排交通布局、军事防御、景观设计、城市管理及生活设施等的配套建设。这座都城集中体现了当时我国经济和科学技术的水平。

583年，朝廷准备从关东往新都大兴城调运大批粮草。由于淤积了很多泥沙的渭水不方便行船，水路运输受阻，于是，584年，文帝下令疏水建渠。宇文恺奉命带领工匠开凿漕渠，把渭水引入黄河，这条从大兴城东到潼关长达三百多里的水渠就是广通渠。

广通渠的疏通不仅使漕运更加通畅，同时也促进了关中地区经济的迅速发展。593年，文帝打算在岐州（今陕西凤翔）修建一座行宫，杨素推荐宇文恺为检校将作大匠，负责这一工程。后来，宇文恺又被任命为仁寿宫监和将作少监。他在杨素的领导下，设计并修建了著名的仁寿宫，这座富丽堂皇的宫殿曾多次得到隋文帝的临幸。而在此发生的宫廷政变也为它增添了几许神秘的魅力。

隋炀帝即位后，打算迁都洛阳。于是，宇文恺又奉命设计营造了极其奢华壮丽的东都洛阳，并因此获功，官拜工部尚书。此外，他还设计了可容纳数千人的大帐和可迅速拆卸拼合的观风行殿。612年秋天，五十八岁的宇文恺因病辞世。

宇文恺一生致力于建筑艺术，在城市规划兴建和宫殿设计建造上取得了辉煌的业绩，推动了我国古代建造技术的发展，不愧为一代建筑名师。他还总结经验，撰写了《东都图记》《释

▲（隋）《曹植庙碑》拓片
《曹植庙碑》又名《陈思王曹子建庙碑》《陈思王碑》《曹子建碑》，隋文帝开皇十三年（593）刻立，石在山东东阿西八里鱼山祠内。碑字楷书，杂以篆隶俗体，二十二行，行四十三字。

疑》和《明堂图议》等工程建筑方面的著作，可惜除了《明堂图议》的部分内容因收录在《隋书》等史籍中得以保存下来外，其他的都已经遗失了。

宇文恺一生在工程建筑方面取得了骄人的业绩，他所主持规划的都城和设计修建的皇家宫殿华丽雄伟、气势磅礴，堪称当时世界上卓越的建筑物。但同时也应该看到，在宇文恺主持的所有工程中，大部分都是为了满足当权者个人享乐和政治统治的需要而建造的，耗费了大量的财力、物力、人力，加重了老百姓的负担。尽管如此，我们站在历史的高度，依然要承认宇文恺作为那些浩大工程的设计者和主持者，为中国古代建筑水平的发展而做出的努力。

◀（隋）陶质持杖人物俑
该陶俑五官表情比较夸张，人物性格特点突出，胡须的处理手法概括、简练。陶俑双手紧握木杖于胸前，双足着草鞋，从中可见作者观察之细致。

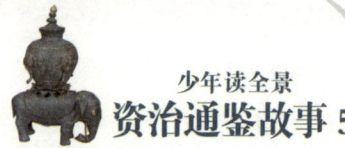

少年读全景
资治通鉴故事 5

| 隋纪·唐纪 上 | 隋纪 | 贺若弼妙计灭陈 |

隋纪
贺若弼妙计灭陈

贺若弼，字辅伯，洛阳人，隋朝著名将领，鲜卑贵族出身。"贺若"是复姓，在鲜卑语中是"忠贞"的意思。由于贺若弼的祖上曾经为北魏立下过汗马功劳，所以孝文帝御赐"贺若"作为其家族姓氏。贺若弼先后在北周和隋朝担任要职，见证了国家由分裂走向统一的历史变革过程。在隋王朝扫平江南、统一全国、击退突厥的屡次征战中，他攻无不克，战无不胜，屡建奇功。遗憾的是，他最终因居功自傲、口不择言，含冤而死。

出身将门，谨言慎行

贺若弼的父亲贺若敦是北周时期著名的将领。当时北周、北齐、南陈三国的疆域犬牙交错，其中北周与北齐以洛阳为界东西对峙，南陈又与北齐比邻而居。三国中北周势力最强，北齐次之，南陈最弱，它们剑拔弩张，都在寻找机会吞并对方。

560年，北周明帝下令贺若敦领兵攻取南陈的湘州，由于遭到陈军奋力抵抗，战争整整持续了一年。后来，深入敌境的贺若敦因孤立无援，再加上后备给养不足，不得不撤兵回国。他一回到江北就被免去官职，贬为庶民，

虽然后来又被重新任用，但也不过是担任刺史。贺若敦从不隐藏心中的怨气，这引起了权臣宇文护的不满。565年，贺若敦被迫自尽。他临死前叮嘱儿子："我没能平定江南，你要替我完成这个心愿，但要记住言多必失的教训。"然后用锥子刺破舌头，以示警诫。

当时周武帝宇文邕对太子的要求非常严厉。太子担心父皇知道自己品行不端，便刻意掩饰，因此，武帝从未发现太子的过错。上柱国乌丸轨私下里对贺若

▶贺若弼攻灭南陈
贺若弼善于攻战，足智多谋，在讨伐南陈战争中，他献上"伐陈十策"，获得隋文帝称赞。贺若弼挥师进据钟山，奋力击溃陈军主力，因灭陈有功，被封为柱国大将军，晋爵宋国公。

隋纪·唐纪 上　　隋纪　　贺若弼妙计灭陈

弼说："这样的太子将来一定难成大器。"贺若弼认为有道理，便让乌丸轨禀明武帝。于是乌丸轨便上奏说："我曾经跟贺若弼讨论过，太子恐怕难以担当治理天下的重任。"武帝连忙询问贺若弼，贺若弼铭记父亲的临终教诲，而且深知太子地位已牢不可破，为避免灾祸，便回答说："太子品行俱佳，聪颖好学，我从没发现他有什么过错。"从此武帝便不再讨论这件事了。后来乌丸轨埋怨贺若弼临阵退缩，贺若弼辩解道："君不慎言失臣，臣不慎言失身，因此不敢妄加议论。"后来，太子登基后果然很快诛灭了乌丸轨，而谨小慎微的贺若弼却躲过了这场灾祸，安然无恙。

运筹帷幄，所向披靡

587年，隋朝扫平了北方突厥的进犯。稳定了边疆局势以后，隋文帝封杨广为行军元帅，率领水陆大军五十多万，从信州出发，分八路开始全面进攻南陈。出征之前，贺若弼根据自己在驻守广陵期间了解到的南陈的情况，提出了"伐陈十策"，得到文帝赏识。果然，在兼并南陈的过程中，贺若弼的计策屡屡奏效。

讨伐南陈的行动刚刚开始，贺若弼就带领五千士兵迅速横渡长江。当时，南陈后主和他的守防将士们并没有意识到危险降临，直到正月初四，边境告急，他们才慌忙调兵遣将，匆匆迎敌。正月初六，贺若弼占领京口，生擒在京口守备的南徐刺史黄恪。这座为南陈储备了大量粮草的城池，是南陈北方的重要关口。贺若弼严肃军纪，秋毫无犯，凡有军士私拿民间一物者，立斩不赦。

就在贺若弼从京口出发继续向西南逼近建康时，由隋将韩擒虎率领的另一路大军按照约定从采石过江，攻克姑孰后，也顺江而下直奔建康。很快，建康便处于隋朝两路大军的前后夹击之

▶（隋）陶骆驼
骆驼直立于长方形板座上，昂首注目，作远观状；其短尾下垂，形体高大，双峰间駄有皮囊。造型古朴，工艺十分精湛。

中。贺若弼刚一渡过长江，便派人阻断了陈军通往东南太湖一带的救援路线，然后继续向建康挺进；与此同时，韩擒虎猛攻石子冈，破城后又继续一路攻城略地，向建康逼近。建康被攻破后，陈后主慌乱中藏进一口枯井里，后被韩擒虎发现并活捉。贺若弼也在当晚从北门攻入城内。随后，隋军彻底占领了建康。建康沦陷，后主被俘，士兵、百姓纷纷投降，南陈灭亡了。

隋军占领建康后的第三天，行军元帅杨广才到达。嫉贤妒能的杨广以擅自渡江的罪名将贺若弼拘禁起来。远在京城的隋文帝闻讯连忙下诏，命杨广释放贺若弼，并分别发诏表彰贺若弼和韩擒虎两位将军。大军回京后，文帝晋升贺若弼为宋国公，封邑三千户，官至右领军大将军，并将陈后主的妹妹赐给他做妾。

争名表功，失言殒命

扫平南陈后，立下赫赫战功的贺若弼开始骄傲自满起来。此时贺若一族地位显赫，除贺若弼被封为国公以外，他的哥哥贺若隆是武都郡公，弟弟贺若东是万荣郡公，同时为刺史、列将。因此他常常鼓吹自家劳苦功高，甚至以宰相自居，开始追求奢侈铺张的贵族生活。文帝得知以后，非常愤怒。贺若弼自封为相的行为，多少有些无视皇家的威仪。于是，文帝立刻同时封杨素和高颎二人为相，而贺若弼仍是将军。文帝的态度使贺若弼在百官面前威风扫地。他愤恨不平，四处宣泄，甚至不注意言辞直接冲撞皇帝，再加上杨素等人的有意诬陷，没过多久，他就被免掉了官职。

592年，贺若弼被捕入狱，本应治其死罪，但文帝念其曾经有功，只是把他贬为平民。一年后，贺若弼虽又恢复了宋国公的爵位，但心存芥蒂的文帝却再也不肯重用他了。

599年，宰相高颎不小心得罪了文帝和独孤皇后。这时，不懂察言观色的贺若弼竟挺身而出为高颎开脱，隋文帝因此开始考虑是否再次拘禁贺若弼。而在废立太子这件事上，贺若弼又不识时务地极力为太子杨勇说情，再加上他因拜相无望，要求调任扬州或荆州，而当时扬、荆两地是犯上作乱的敏感地带，于是，文帝怀疑贺若弼已有二心，便再次将他打入大牢。直到后来隋文帝有些悔意，贺若弼才得以重见天日。

604年，太子杨广继承皇位。杨广在很久以前就有铲除贺若弼的念头了。当年吞并南陈以后，他曾以违反军令、私自提前渡江作战为由将贺若弼拘禁起来，再加上后来贺若弼在废立太子的事情上支持杨勇，因此，杨广一直视其为眼中钉。

607年，贺若弼奉隋炀帝之命巡察北方边境。此前，炀帝曾命宇文恺修建一座富丽堂皇的行

▲（隋）菩萨与弟子
塑于敦煌莫高窟第四百一十九窟。菩萨头戴宝冠，脸型圆润丰满，是隋代菩萨的代表作。弟子阿难则为聪慧稚气的年轻人的形象。

宫，他在行宫内大摆宴席宴请突厥可汗和各部酋长贵族，并赏赐给他们大量财物；同时，还耗费巨资修筑长城。炀帝的举动引起了文武百官的异议，贺若弼也私下与人议论。接到密奏的炀帝便以"诋毁朝政，扰乱民心"的罪名处死了贺若弼等人。曾经功勋卓著的贺若弼居功自傲，终于因为口无遮拦而死。假如他能牢记父亲的临终教诲，也许不会有这样的结局。

隋纪·唐纪 上 　隋纪 　文武兼备韩擒虎

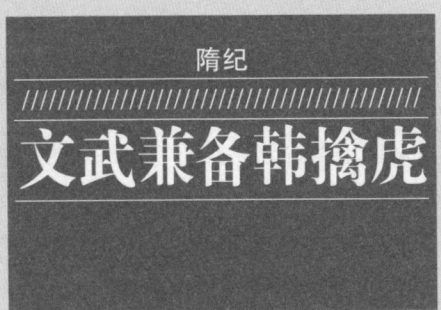
隋纪
文武兼备韩擒虎

韩擒虎，字子通，河南东垣（今河南新安县）人。他与贺若弼齐名，是隋初的一员猛将，见证了中国再次大一统的历史性时刻。韩擒虎以勇猛果敢闻名于世，颇有韬略，胆识过人，深受隋文帝器重。他在讨伐陈朝的一系列战争中屡建奇功，却并没有居功自傲、追名逐利，而是功成身退，得以善终。

将门世家，名动江南

韩擒虎的父亲韩雄英勇神武，曾因功勋卓著被封为大将军，任洛、虞等八个州的刺史。韩擒虎是将门之后，自幼习武，天赋甚高，练就了一身精湛的武艺，刀枪剑戟样样精通。

韩擒虎不仅武功超群，读书也格外用心。他从小博览诸子百家，对史书尤其感兴趣。勤学苦练使韩擒虎成为一个智勇双全的人才。因为父亲的关系，韩擒虎很早就引起了宇文泰的重视，少年时就曾经被召入宫中展示才艺。宇文泰料定韩擒虎日后必能成器，便诏令他与诸子交游，准许其自由出入皇宫，期望他的儿子们能在其武才的熏陶下，有所进益。

韩擒虎志向远大，文韬武略鲜有其匹。他精通兵法，运用自如，是历史上少有的文武全才。青年韩擒虎被北周皇帝封为都督、新安太守。

577年，北周开始讨伐北齐，派大军围困了金墉城（在今洛阳）。负责守城的是北齐名将洛州刺史独孤永业。他有勇有谋，率领全城军民奋力抵抗，北周军队久攻未果。持续攻城使北周耗费巨大，军心逐渐涣散。更糟糕的是，此时北齐的援兵也已经快要抵达了。北周武帝心急如焚。危急关头，韩擒虎站出来表示愿意孤身进城劝降。走入齐营的韩擒虎虽然有钢刀架在脖子上，但威武雄姿丝毫不减。他直言北齐皇帝穷凶极恶，北齐气数已尽，金墉城迟早会被周军攻破，此时弃恶从善不仅可以使百姓免遭战争之苦，而且北周也会犒赏城中弃暗投明的北齐将领。

独孤永业听完韩擒虎一番义正词严的劝说，终于选择献城投降。就这样，韩擒虎凭借着自己的果敢和口才，轻而易举地拿下数万大军久攻不下的城池，其胆略、才识可见一斑。

581年，隋文帝即位。政权稳定后，他便开始实施统一天下的大计。为了吞并陈朝，文帝急需一名才能出众的将领总管江南事务。经过精心挑选，他将这一重任交给了韩擒虎。文帝任命韩擒虎为庐州总管，负责伐陈的前期准备工作。

韩擒虎到任后，立刻扩充水兵，训练军队，建造兵船，并派出密探四处搜集陈朝情报，同时尽力笼络江南民心。在庐州驻扎的这几年，韩擒虎有勇有谋、有信有义的声名远播长江沿岸，甚至陈朝的许多百姓都不把韩擒虎当成敌人看待。

589年正月初一，江面上云雾缭绕，长江南岸的人们还沉浸在节日的喜庆中，陈朝的官兵也在开怀畅饮，放松了警惕。韩擒虎认定这是过江的良机，便马上与驻扎在广陵的贺若弼取得联系，相约同时过江攻陈。

韩擒虎英勇果敢，在大雾的掩护下，只带领五百精兵，神不知鬼不觉地渡过长江，并迅速攻下江南重镇采石。当他率兵攻入敌营时，醉生梦死的陈朝将士毫无防备，有的甚至仍在饮酒作乐。韩擒虎等待隋朝后续大军渡江接管了采石

少年读全景
资治通鉴故事 5

▶▶ 隋纪·唐纪 上　　▶▶ 隋纪　　▶▶ 文武兼备韩擒虎

后,便带领五百精兵继续东进,一路上又迅速拿下了姑孰等陈朝重镇,势如破竹,不可抵挡。韩擒虎一路攻无不克,很快到达新林,他在城外安营驻扎,等待攻城的良机。这时,前来帐内探望韩擒虎的江南父老"昼夜不绝",这足以说明韩擒虎在庐州驻扎的这些年里,已经奠定了良好的群众基础。而正是因为得到了民众的支持,他才得以一路攻城略地,所向披靡。

智擒后主,威震突厥

隋军攻破了陈朝的长江防线后,继续逼近建康,包围了陈朝的都城。尽管此时陈朝仍有几万兵力,但大多已经毫无斗志了。而韩擒虎带的兵虽不多,但行军速度却奇快无比。陈朝的将士早就听说过韩擒虎的威猛,当知道是他亲自领兵来伐后,大部分士兵都不战而降。

时任陈朝镇东大将军的任忠在建康城北钟山迎战贺若弼,战败后却一路逃到石子岗,向那里的韩擒虎投降。在任忠的帮助下,韩擒虎长驱直入,顺利杀进陈朝皇宫。

韩擒虎率领士兵翻遍整座皇宫都没有找到陈后主。后来有一名降卒暗报:陈后主正躲在一口枯井里。于是,被吓得瑟瑟发抖的后主陈叔宝被韩擒虎生擒,陈朝灭亡了。接着,韩擒虎下令大开城门,迎接各路伐陈大军进城。随后,他又派人上报文帝,称陈朝已亡。

▼(隋)五牙战舰复原图
五牙战舰乃隋代越国公杨素所设计,这种战舰上起楼五层,高百余尺,左右前后置六台拍竿,高五十尺。

隋纪·唐纪 上　　隋纪　　文武兼备韩擒虎

另一位伐陈将领贺若弼经过鏖战，也在当天晚上率军抵达建康。回朝复命时，贺若弼为抢得头功，上奏文帝说："我在钟山奋勇杀敌，生擒主帅，才得以瓦解陈军主力，顺利扫灭陈国。而韩擒虎只是略作征战，怎么能和我争功？"韩擒虎说："我奉皇命与贺若弼一起伐陈，贺将军每遇陈军必有交战，使我军将士伤亡惨重；而我只带五百轻兵，不动刀枪，不仅劝降了任忠，还生擒了陈后主，占领陈宫，控制都城，这时贺将军才刚刚抵达建康，是我大开城门迎他进城。他凭什么与我抢功？"文帝认为二人功不可没，各有千秋，所以把他们都封为上柱国。他下诏称："申国威于万里，宣朝化于一隅，使东南之民俱出汤火，数百年寇旬日廓清，专是公之功也。"可见朝廷对韩擒虎与贺若弼两人的褒奖没有什么不同。

当时突厥经常侵扰凉州。突厥的主力早在隋朝全面伐陈之前就已经被击败，但残余势力又逐渐壮大起来。经过多年的养精蓄锐，重新崛起的突厥人又企图向南扩张。

突厥派出使者访问大隋，名义上是行朝拜大礼，实际上却是试探隋朝的态度。深谋远虑的文帝不希望陷入劳民伤财的战争，于是，想到用悍将来威慑突厥人。文帝先让韩擒虎坐在大堂上，等突厥使者走上前来拜见时，文帝问道："你听说过陈朝的事情吗？"使者回答："听说过。"于是，文帝命人把使者引到韩擒虎面前说："这位就是生擒陈后主的那个人。"突厥使者见到威风

▲（隋唐）云门山石窟造像

位于潍坊市青州城南，因"上方号大云，顶有通穴如门"而得名。隋唐时期，为佛门弟子游览胜地，素有"云门仙境"之称。云门山南有大小石窟五个，造像二百七十二尊，是研究古代佛教艺术和雕刻艺术的珍贵资料。山后云门洞西侧悬崖上镌刻有一个巨大的、海内外罕见的"寿"字，为明嘉靖年间周全所刻。

凛凛的韩擒虎，立刻心生恐惧，惴惴不安。文帝封韩擒虎为寿光县公，食邑千户，又拜为凉州总管，负责处理边防事务。

后来，韩擒虎奉旨赴任，突厥人再也不敢轻举妄动了。从此，边境地区的人民过上了短暂的安定生活。

隋纪
隋相高颎竭诚尽节

高颎，字昭玄，渤海蓨县（今河北景县）人，隋朝杰出的政治家、军事家。他协助隋文帝杨坚登上皇位，一统天下，并在辅佐隋朝两代皇帝的二十多年里，制定律法，改革税制，出兵伐陈，抗击突厥，是隋朝开创"开皇之治"盛世局面的大功臣。但就是这样一位忠心耿耿的宰相，最后却被暴虐的隋炀帝以莫须有的罪名诛杀，含恨而死，实在是一桩憾事。

辅佐杨坚，平南扫北

高颎的父亲高宾曾在北齐担任官职，后因避谗投奔北周。北周权臣独孤信十分看重高宾，曾任用他为僚佐，并把"独孤"赐给他作家族的姓氏。杨坚掌握了北周的军政大权后，想拉拢高颎，于是差人试探高颎的态度。想不到高颎竟爽快地答道："我非常愿意追随杨公左右，赴汤蹈火，在所不辞。"从此，高颎就成了杨坚的亲信。

杨坚即位后，高颎随即被任命为左仆射，兼纳言，晋封渤海郡公，后来又被封为左领军大将军，封爵拜将，好不风光，满朝文武无人能及。其实高颎心里明白，职位越高就越容易遭人嫉妒，于是他总是表现得虚怀若谷，还向文帝极力举荐德才兼备的苏威，并主动要求免去自己的仆射职位。

隋文帝心怀天下，在他准备吞并江南时，曾向高颎征求讨伐南陈的意见。高颎分析道："首先应该放出风声说我们要进行偷袭，使他们因加强防守而耗费精力，逐渐瓦解其斗志。然后派人潜入陈国境内，焚烧、毁坏其军用物资，使他们因军需匮乏而无力进行反抗。最后我们挑选合适的时机，兵分几路围攻他们，这样一定能一举拿下南陈。"事实证明，高颎的计策非常奏效。

后来，晋王杨广领兵伐陈时，封高颎为元帅长史，军中事务全部交由他来裁决。吞并南陈以后，杨广想收陈后主的宠妃张丽华为妾。高颎用当年武王伐纣后立即杀掉妲己的事为例，劝杨广不要纳陈后主的遗妃。随后，他执意杀掉了张丽华，杨广为此非常生气。回朝以后，高颎被提拔为上柱国，并加封为齐国公。文帝对他说："你平定江南以后，有人说你意图谋反，我已经把造谣的人杀掉了。你我二人多年来患难与共，怎么能轻易被小人离间呢？"善用政治手段的文帝所说的这些话一方面表明了

▶（隋）青釉蹲猴壶
壶的颈肩部凸起弦纹三道，一侧置龙柄，龙嘴衔壶口；另一侧有一小猴，挠头抓膝，活泼有趣。

隋纪·唐纪 上　　隋纪　　隋相高颎竭诚尽节

他对高颎的高度信任，另一方面又警示他不要心存他念。其实，文帝的确很担心高颎会背叛他。不久以后，文帝便把太子的女儿赐婚给高颎的儿子，企图以这种联姻的方式牵制住高颎。

大功告捷，忠臣遭弃

话说当年高颎的父亲高宾曾得到独孤信的赏识，所以高家与独孤皇后关系密切。高颎原配夫人去世后，文帝在独孤皇后的请求下，想赐妾给高颎，但是高颎婉言谢绝了。文帝不再勉强，就将此事搁置一旁。没过一年，忽然传闻高颎的爱妾生了个儿子，文帝听说后十分高兴，准备亲自去道贺，但是皇后却非常生气。文帝问她原因，她说："皇上曾经想要赐妾给他，他借口要焚香敬佛拒绝了，原来是府内早有美妾。他竟然敢这样当面欺君，皇上还要信任这种人吗？"其实，独孤皇后这样说完全是由于嫉妒心作怪。她嫉妒心极强，身为天子的文帝从来不敢染指后宫嫔妃；如果皇子中谁的宠妾生了孩子，那个孩子必定会被下令抛弃；如果哪位大臣的姬妾生了孩子，她一定会力劝隋文帝免其官职、逐出朝廷。所以高颎的爱妾生子，自然也引起皇后的不悦。后来，高颎又在废太子的事情上得罪了皇后。于是，独孤皇后也不顾当年情谊，千方百计想把他赶出朝廷。

这时，文帝准备出兵高句丽，高颎觉得时机不成熟而坚决反对。文帝执意封高颎为元帅长史，随同汉王杨谅发兵征讨高句丽，结果大败而归。独孤皇后趁机陷害道："高颎原本就不想去，无奈皇上下令，他不得不去。他会大败而回，我早就猜到了。"偏偏当时年轻的汉王根本不懂如何领兵作战，而高颎又没有完全按照他的意思行事。吃了败仗的汉王便怀恨在心，诬陷高颎想要谋害他。文帝听后勃然大怒，想要治高颎的罪。朝中贺若弼等大臣联名为高颎辩解，这却更加惹恼文帝。他将出面说情的大臣全部交陷狱吏严加盘问，此后再也没有敢替高颎说话的人了。高颎最终被罢免了官职。

高颎追随杨坚并帮助他坐稳江山，几十年间他劳心劳力，在收江南、战高句丽、退突厥、定朝制中发挥了巨大作

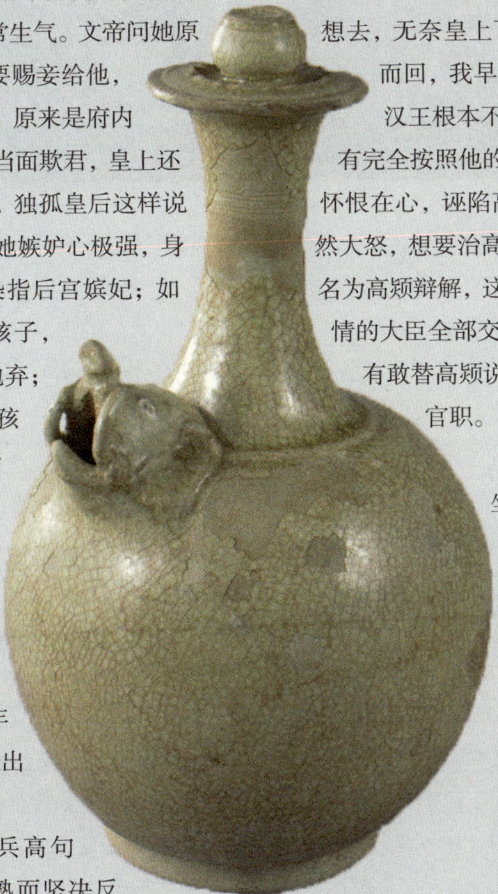

▶（隋）五铢钱
汉武帝时确立将"五铢"作为钱名。五铢钱边缘加一圈凸起的边，其铸造精致规整，大小合适，外又有边圈，久用后很光滑，深受百姓欢迎。隋代以前，各个朝代一直用五铢钱作钱名。

◀（隋）青瓷象首净瓶
器口塑一假盖，敛部置象首流口，圆腹，圆饼状实足。通体施米黄薄釉，开冰裂纹。此器名为军持，俗称净瓶，是佛事净手用器，晋代开始使用，隋唐常见。此军持用象首装饰流口，别具一格，造型奇特，制作精美。

少年读全景
资治通鉴故事 5

▶▶ 隋纪·唐纪 上　　▶▶ 隋纪　　▶▶ 隋相高颎竭诚尽节

▲（隋）炊事女俑

灶台呈长方形，灶面可见两个放炊具的火眼，隔火山墙与烟囱位于两端。立于灶前之俑头盘双髻，左手撑台，右手似正翻炒。蹲于灶口之俑头梳单髻，鼓腮做吹火状。该组俑用泥质灰陶做成，表色土红，淋漓尽致地表现了隋代居民日常的生活情景，生动形象。

用。当年，高颎还对杨坚说过"即使大事不成，遭到诛灭九族的灾难，也无须畏惧"的话。想不到如今他却被贬官还乡，怎能不怆然涕下呢？

竭诚尽节，含冤被杀

没过多久，高颎又被揭发有不忠言论，但文帝不忍心杀掉立下赫赫战功的高颎，只把他贬为平民。当初高颎刚刚荣升仆射、官拜相国的时候，母亲曾提醒他："你现在位高权重，皇帝恩宠，以后难免会招来杀身之祸，要小心提防！"高颎因此一直十分谨慎。这次被贬为平民，高颎觉得自己逃过一劫，表现得非常高兴，没有一丝怨气。

隋炀帝称帝后，任用高颎为太常卿。高颎见炀帝终日饮酒寻欢疏于朝政，对大臣李懿说："当年殷商和周朝都因君主沉溺玩乐而亡国，现在怎么能犯同样的错误呢？"没想到这句话传到炀帝那里，他听后勃然大怒，以"诽谤朝政"的罪名诛杀了高颎。其实，早在炀帝觊觎太子位的时候就已经同高颎结怨了。从高颎被重新起用，到后来炀帝小题大做诛杀高颎，一切都是早有预谋的。

高颎是隋朝最明达世务、竭诚尽节的开国功臣，他自拜相以来，就以协助皇帝治理天下为己任，举荐了苏威、杨素、贺若弼、韩擒虎等一大批忠臣良将。在他为官的二十多年里，满朝文武无不对他心悦诚服，而他最后冤死在隋炀帝手上，实在令人惋惜。

隋纪·唐纪 上　　隋纪　　杨玄感起兵反隋

杨玄感是隋末第一个起兵反抗隋炀帝的贵族首领。他出身世家，其父就是大名鼎鼎的隋朝名将杨素。隋朝末年，隋炀帝昏庸残暴，百姓生活于水深火热之中，各地纷纷爆发了农民起义。杨玄感也乘机起兵，成为隋末首个向隋炀帝发难的贵族。虽然他领导的起义最后被镇压，但是却撼动了隋炀帝的统治基石。此后，反隋力量逐渐壮大，并最终推翻了杨氏政权。

隋纪
杨玄感起兵反隋

家世显贵，起兵黎阳

杨玄感曾为隋炀帝夺位、铲除汉王杨谅立下汗马功劳，被封为楚公，官至司徒，后又荣升为柱国，并被提拔为礼部尚书。613年，隋炀帝再次远征高句丽，由于战事不断，国内局势动荡不安。杨玄感见政局不稳、隋炀帝开始胡乱猜疑百官，心感不安，于是开始与弟弟们密谋推翻隋炀帝的统治。

当时杨玄感奉命在黎阳监管粮草。此时，国内农民起义频发，局势动荡。杨玄感乘机滞留粮草，急召旧部，然后占据城池，私设官职，大造兵器，广征兵卒。接下来，他假称奉命讨伐高句丽的水军总管来护儿违抗军令，向周边各郡发送檄文，要求各郡发兵会集黎阳。

当时跟随在杨玄感身边的李密才识过人，为杨玄感出了三条计策：第一条计策，也是最好的计策，就是直接攻占涿郡，然后把守临榆关，使关外隋军自行溃散；第二条计策是先占取长安，安抚官民，然后倚仗关中，对抗远征归来的炀帝；最后一条计策是直接攻取洛阳，但由于越王杨侗领兵留守城内，恐怕难以轻易得手，倘若援兵赶到，后果不堪设想。在这三条计策中，第一条的成功概率最大，因当时涿郡既没有重兵把守，又囤积了重要的军需物资，一旦占领了这里，就能掐断征辽部队的军需供应，使征辽大军腹背受敌。但是，目光短浅的杨玄感偏偏选择了最不保险的第三条计策。

杨玄感为了运输粮草，在黎阳征集了五千多名搬运劳力和三千多名船夫，并对他们说："如今皇上昏庸无德，百姓生活

▶ 隋代武士图
隋代武士所披身甲多为明光铠，身甲由一些状似鱼鳞的小甲片编制，长至腹部，以此保护小腹。隋代的戎服为圆领长袍。图中左立之人所穿为戎服，右立之人所披为胄甲。

隋纪·唐纪 上 | 隋纪 | 杨玄感起兵反隋

直取洛阳。

到了洛阳城外,杨玄感下令兵分两路攻取洛阳:南路从白马寺西面翻过邙山,由杨玄感亲自率领;西路从偃师沿洛河西行,由杨玄感的弟弟杨积善率领。杨玄感一路进展顺利,便有些自满狂妄起来,认为天下已经唾手可得了。杨玄感十分欣赏被俘的隋朝内史舍人韦福嗣的才华,安排他跟李密一起裁夺军中要事。但是,韦福嗣并非真心跟随杨玄感谋反,所以他连草拟檄文的工作也借故推辞了。李密察觉到韦福嗣的心思后,便建

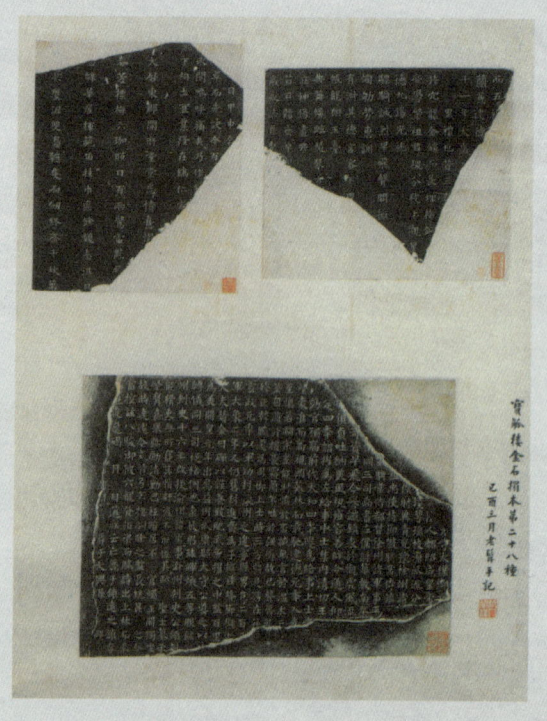

▲(隋)元公姬氏残石拓
隋大业十二年(616)刻。出土于陕西咸宁,现藏于故宫。上有楷书二十七行,每行二十七字。拓本是将残石三块合裱一轴。清咸丰十年(1860)毁于兵燹,仅存残石。此拓本十八行"仁"字完好,下行"盛"字损钩笔。

困苦不堪,我现在要起兵造反,你们愿意跟随我去解救那些受苦的百姓吗?"众人听后纷纷表示支持。杨玄感的话深入民心,老百姓之所以愿意跟随他造反,就是为了摆脱长期受朝廷盘剥的困苦生活。

久战不利,兵败身死

但是,由于叛徒唐祎的告密,越王杨侗早就下令让黎阳到洛阳之间的各个郡县加强戒备以防不测,因此,杨玄感的人马在修武、临清关等地遭到官兵的拼命抵抗。受挫的杨玄感只好带领起义军改道绕行,准备从汲郡渡过黄河后再

◀(隋)菩萨像
此尊菩萨头戴花冠,面相较模糊。上身双肩搭皮帛,下身着长裙。右手结施无畏印,左手结与愿印,立于圆台之上。身后有尖圆形背光,背光中心部位为佛的头光,头光内饰莲瓣纹,外为火焰纹。

> 隋纪·唐纪 上　　　　隋纪　　　　杨玄感起兵反隋

议杨玄感除掉这个祸患，但杨玄感却不以为然。后来，在杨玄感攻入洛阳的时候，韦福嗣果然趁乱逃脱了。

虽然起义军赢得了老百姓的支持，但从未经受过专业训练的民兵战斗力并不强，再加上洛阳城内的越王杨侗和民部尚书樊子盖对杨玄感的到来早有防备，因此洛阳城一直久攻不下。尽管如此，杨玄感的力量仍在不断增强，因为很多奉命出城迎战杨玄感的官宦世家子弟都认为跟随杨玄感可以干出一番大事业，所以包括来护儿的儿子来渊在内的四十多人都先后归顺了义军。杨玄感一边组织攻城，一边在洛阳城四周布阵，在西面的磁涧道、南面的伊阙、东面的荥阳和虎牢都布下了大量兵力，提防前来援助朝廷的各方救兵。远在高句丽的隋炀帝听说杨玄感兴兵造反，连忙下令左翊卫大将军宇文述、卫将军屈突通和来护儿急速赶回洛阳支援。与此同时，留守长安的杨侑也急命刑部尚书卫文升从关中进入崤谷、渑池，驻扎在金谷园一带，与杨玄感大军展开了周旋。经过一百多场激烈的战役后，杨玄感一路穷追不舍，隋兵节节败退，直到弟弟杨玄挺阵亡，杨玄感才稍稍收手。

此时，远征高句丽的隋朝大军奉命急速回撤洛阳，屈突通和宇文述先后领兵到达河阳，打算渡过黄河。杨玄感采纳了降将李子雄的策略，派人阻止隋军渡河，想把卫文升、樊子盖困死在河南，但这一企图被樊子盖看穿。他十分耐心地一次又一次派兵侵扰，使起义军分身乏术，而屈突通则趁机领兵抢渡黄河，在洛阳城的东北方安营扎寨。起义军身陷重围，城中的隋军又不断来袭，杨玄感只得再次采纳李子雄和李密的计策，带兵西进夺取关中，并一路假称洛阳已被起义军占领，现在西去夺取关中只是顺应民意乘胜讨伐。

可惜，杨玄感并非是一个能成大事的人，依

▲（隋）盘口壶
高二十二厘米。该器精致美观，釉润光亮，是难得的珍品。

照李密的策略，他应该抢在征辽大军赶到之前拿下长安，然后才能依托关中地势抵抗隋朝主力部队的攻击。可是杨玄感不但听不进李密苦口婆心的劝告，反而对溜须拍马的小人言听计从。在赶赴长安的路上，他又看上了弘农城内的钱粮财宝，竟下令停止前进，出兵全力攻打弘农。李密深知这样拖延下去必将前功尽弃，便极力劝说杨玄感不要因小失大，但杨玄感却执意攻城。结果，不但没有拿下弘农，反而被弘农太守紧紧纠缠不得脱身，最后起义军被追上来的隋军在董杜原一举歼灭。

杨玄感自知大势已去，便让弟弟杨积善结束了自己的性命，悲惨而壮烈地离开了人世。尽管他为了自己的私欲发动起义，但这次起义却有力地打击了隋朝的统治。

隋纪·唐纪 上　　隋纪　　瓦岗之主李密

隋纪
瓦岗之主李密

李密,字玄邃,长安(今陕西西安)人,隋末农民起义领袖,出身于士族大家,他的父亲李宽是隋朝的上柱国、蒲山公。李密英勇善战,谋略过人。隋朝末年,天下大乱,各地义军、叛军纷纷揭竿而起。李密投奔高举反隋大旗的瓦岗寨,并带领瓦岗义军南征北战,四处打击隋朝各地的统治机构,为瓦岗军的发展壮大发挥了作用,也为推翻隋朝的残暴统治做出了贡献。

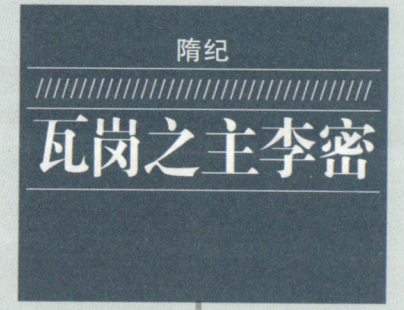

完全采纳李密的计策。后来义军被炀帝镇压,杨玄感兵败而亡。逃亡的李密被生擒后,在押解的途中用计脱身。此后的几年里,李密在平原、淮阳一带隐姓埋名,以躲避朝廷的追杀。

616年秋天,李密加盟翟让领导的反隋组织——瓦岗寨。瓦岗寨义军人数过万,主要由贫困的农民和渔猎者组成,他们一般活动在汴水所经过的荥阳郡和梁郡一带。瓦岗寨义军抢夺过往公私船只的货物,劫富济贫,虽然多次遭到朝廷剿

少有大志,投奔瓦岗

隋开皇中期,李密世袭父爵为蒲山公。大业元年(605),李密又被封为左亲卫府大都督和东宫千牛备身。但是没过多久,他就辞去了官位,开始师从国子助教包恺,专事攻书。李密有勇有谋,文武兼济,与杨素的儿子杨玄感交往甚密。

613年,隋炀帝第二次远征高句丽期间,杨玄感起兵反隋。李密为杨玄感举兵起义出谋划策,大力相助,无奈杨玄感刚愎自用,并未

▶瓦岗军袭占兴洛仓
李密率领的瓦岗军趁隋炀帝游玩江都之际,袭占兴洛仓,开仓放粮救济饥民,不仅充实了粮草,还得到民众的拥戴,可谓一举两得。

隋纪·唐纪 上　　隋纪　　瓦岗之主李密

杀，但队伍一直在发展壮大。

以谋略见长的李密在瓦岗寨内部的势力逐渐变大。他军纪严明，生活简朴，每次都把抢来的钱财全部分给起义军将士，因而得到了将士们的广泛拥戴。

617年春天，炀帝在江都游玩。李密说服了翟让，命令瓦岗军趁此机会袭击疏于防范的东都兴洛仓。一番鏖战过后，瓦岗军占领了这座隋朝最大的粮仓，随后立即开仓放粮救济饥民。此次偷袭，瓦岗军不但获得了足够的粮草，还因救济百姓而得到了他们的拥戴。

李密在瓦岗寨中充分发挥军事才华，为瓦岗军的发展壮大立下了汗马功劳，他的威望逐渐树立起来，其他各路义军也对他十分敬佩。

骄傲自矜，战败投唐

617年秋天，李密获得了瓦岗寨的领导权，开始设立政权机构。他自称魏公，并定年号为永平。

不久，李密杀掉了翟让，并大量任用反叛隋朝的官员。他的这些做法，对瓦岗军的发展产生了严重的消极影响。

后来，王世充组织人马夜袭兴洛仓，对此早有防范的李密不费吹灰之力就大败王世充。死伤惨重的王世充军转移到洛北。在得到越王杨侗支援的七万兵力后，他卷土重来，企图造浮桥横渡洛水攻击瓦岗寨。

待到王世充的部队渡过洛水来到城下，李密才选拔几百精兵分成三路出击。王世充的队伍不堪猛击，纷纷掉头撤退，成千上万的兵卒争相过桥逃命，局面混乱，不少人失足落入河中溺死，其中杨威、王辩、霍世举、刘长恭等将领在这次战役中阵亡。大败的王世充向河阳仓皇逃窜，李密则乘机占领了偃师和金墉城。

后来，窦建德、徐圆朗和裴仁基等人力劝李密称帝，但是李密一直没有答应。

618年春天，右屯卫将军宇文化及在江都拥兵叛变，除掉了隋炀帝，自封为相。随后，他率领十余万大军向西挺进。当时李密占据巩、洛两地。宇文化及便先占东郡，再打黎阳。李密带领两万人马驻扎在清淇，并命令徐世勣守住仓城，宇文化

▲（隋）佚名《备骑出行图》（局部）
此壁画绘在徐敏行夫妇墓墓室四壁与门洞内外，有《徐侍郎夫妇宴享行乐图》《徐侍郎出行仪仗图》《徐侍郎夫人出游图》以及侍卫、门吏诸像。画中有人物，也有山水。所画人物都用铁线描，平涂颜色。着色以重彩为主，个别处兼施淡彩。这里所选的是《出行图》中的四个侍卫像，他们姿态不同，表情各异，用笔简练劲健，风采独特。

| 隋纪·唐纪 上 | 隋纪 | 瓦岗之主李密 |

及久攻不下。李密知道宇文化及粮草不足，便故意拖延周旋而不与他正面交锋。李密还假装去求和，送给宇文化及大量粮草，然后在暗中切断了他的后路。

宇文化及不知有诈，欣然接受，等醒悟过来时已经太迟了。最后，两军在卫州童山决战，宇文化及惨败而归。

后来，王世充又企图篡权。李密见敌人内部出现矛盾，误以为东都很快就能拿下。想不到王世充获得政权后，厉兵秣马，又开始攻打李密。由于李密疏忽大意，导致全军溃败，手下将士死的死，降的降。

吃了败仗的李密只好投奔河阳的部将王伯当，他对王伯当说："我们打败了，苦了众位兄弟，今天我应该以死谢罪。"王伯当连忙抱住李密，痛哭不止，所有将士无不悲痛大哭。

后来，在李密的建议下，大家一起投奔了大唐。

心存不满，反唐遭杀

李密带兵向西投奔大唐，受到了大唐使者的夹道欢迎。李密便得意地说："我带着百万大军投奔大唐，受到这样的礼遇也是应该的。比起东汉的窦融来，我决不在他之下，难道不该封我一个'台司'的职位吗？"

但是，到达长安以后，大唐却逐渐冷落李密。李密只被李渊封为光禄卿、上柱国和邢国公。此外，还常常有官员前来向李密讨要好处，他的心里便开始有些不满了。没过多久，李密主动向李渊提议，愿意亲自去关东招降旧部。李渊命他与王伯当一同前往，但只允许他带一半的旧将出关。当李密率部众来到河南灵宝时，突然反悔的李渊差人急召李密回京。

对于有人反对放自己出关之事，李密早有耳闻，因此，他见李渊急召自己回京，心中非常恐惧，生怕遭遇不测。于是，他不顾王伯当阻拦，执意杀掉来使，然后攻破灵宝城，准备再投旧将伊州刺史张善相，等待时机东山再起。但是，他行至半路就被追上来的唐兵截杀了，时年三十七岁。

▶（隋）青瓷印花钵
敛口，弧腹，平底。内底饰团花和树叶纹。施釉不到底，青中泛黄。此种钵式是隋唐时期洪州窑的典型产品。

隋纪·唐纪 上　　隋纪　　宇文化及叛朝弑君

隋纪
宇文化及叛朝弑君

宇文化及是隋朝重臣，出身于官宦世家，其父宇文述是隋朝鼎鼎大名的权臣。宇文化及年少时不守法度，长安人称他为"轻薄公子"。杨广为太子时，他领禁军，出入宫门内外，很受宠信。后来，反隋呼声日益高涨，宇文化及也趁乱联合隋炀帝的卫队总管，拥兵叛变，并缢杀隋炀帝。619年，宇文化及与农民起义领袖窦建德对阵，兵败被杀。

袭父祖荫，受宠于朝

宇文化及的父亲宇文述在北周时期袭爵为上柱国，并被封为濮阳郡公，后在隋朝初年被封为右卫大将军。他投在晋王杨广门下，因协助杨广夺位而得宠。杨广登基后，为表彰宇文述的功劳，把大女儿南阳公主下嫁给宇文述的三儿子宇文士及。宇文化及借着父亲和弟弟的荣光，深受隋炀帝器重。

宇文化及从小骄奢淫逸。由于他长期受统治阶级内部贪婪腐朽风气的影响，逐渐养成了贪慕虚荣、刁蛮无理的性格，因而被人们称为"轻薄公子"。杨广被立为太子以后，宇文化及从领千牛升为太子仆，后来又晋升千牛官，掌管千牛刀，负责太子杨广东宫的夜巡工作。他因在职期间贪财敛货，索贿受贿，屡次被隋文帝免职。但由于受到太子杨广的恩宠，往往在事件平息后又官复原职。然而，他非但不因此而有所收敛，反而凭借太子的庇护和父亲的权势，愈加放肆。他还倚仗他的弟弟跟皇家有姻亲而骄傲自大，目空一切。隋炀帝登基后，宇文化及又被提拔为太仆少卿。

607年，宇文述随同炀帝北上巡视。宇文化及见没有了炀帝和父亲的管束，更加无视隋朝律法，和弟弟宇文智及与突厥人进行交易。当时，隋朝的律法规定只有在政府监管下才能与国外少数民族进行贸易，而且贸易的场所也必须由政府指定，私自进行跨境或跨民族的贸易活动是按律当斩的死罪。后来，炀帝知道宇文化及兄弟进行非法贸易的事情后震怒，立刻将兄弟二人押入大牢，让他们听候处决。宇文述苦苦哀求隋炀

◀（隋）一佛二弟子像
一组三尊。中为释迦佛，双手掌心向外，一立掌向上结施无畏印，一伸掌向下结与愿印。两侧伫立二弟子。佛身后有舟形背光，上錾刻宝相花、火焰纹图案。弟子后有头光，衣着为汉工，褒衣博带。佛立于覆钵形座上，两弟子立于花叶上，下为四足方座。

帝网开一面。最后，炀帝看在宇文述的面子上，而且两家又有姻亲，就赦免了二人死罪，但为了表示惩罚，还是免去了他们的官职，并赐给宇文述作家奴。

发动兵变，起兵反隋

隋朝末期，炀帝耗巨资建宫修院，三征高句丽，五游江南，导致国库空虚，税赋加重，民怨沸腾，各地起义、暴乱不断涌现。面对动荡不安的局势，炀帝一边派兵镇压，一边下令赶制龙舟准备逃往江都避难。到了江都，生性奢靡的炀帝依旧沉迷酒色、醉生梦死。

随驾的宇文述到了江都没几天，就身染重症，一病不起。宇文述知道自己时日不多了，就奏请炀帝说："我的大儿子宇文化及曾经在太子宫服侍皇上，请皇上怜惜他。"炀帝听了也很伤心，说："人到了临死的时候，说的都是善意的真心话。我不会忘记你说的话。"

宇文述病故以后，炀帝念及前情，重新起用戴罪在家的宇文化及兄弟二人。宇文化及被封为右屯卫将军，并袭爵许国公；宇文智及被封为将作少监。617年末，起义军重重包围了洛阳城，隋朝统治面临危机。远在江都的炀帝身边护驾的士兵多数是关中人，他们远离故土，非常想念家人，发现炀帝并没有回京的打算，私下里便纷纷相约共同逃回关内。虎贲郎将司马德戡看到这种局势，料定隋朝气数已尽，便也打算率领部下回京。他和宇文化及定下周密的计划，于618年春天拥兵造反。

魏县称帝，兵败而死

宇文化及逆反后，缢杀了隋炀帝，从此，隋朝的统治彻底瓦解了。有着狼子野心的宇文化及非常想登基为帝，但他也知道直接称帝难以服众，于是力推炀帝的侄子秦王杨浩为傀儡皇帝，然后自封大丞相，独霸朝政。

618年末，宇文化及率领御林军和关中禁军十余万从彭城水路径直西行，打算返回关中。但宇文化及根本不懂得治军之道，致使三军将士怨声载道，甚至连司马德戡与赵行枢等曾经拥戴宇

◀隋炀帝陵

隋大业十四年（618），隋炀帝在江都被宇文化及缢杀，初殡于江都宫流珠堂，后葬吴公台下。唐武德三年（620），唐高祖下令将其葬于雷塘。帝陵年久荒芜，后经陆续修葺，墓道和墓台得以修复。

| 隋纪·唐纪 上 | 隋纪 | 宇文化及叛朝弑君 |

文化及掌权的人也逐渐不满。于是，司马德戡等人试图利用将士们的不满情绪，煽动三军反抗宇文化及，改拥司马德戡为统帅。结果由于不小心走漏了风声，司马德戡及那些谋划反抗的人被宇文化及一一除掉了。司马德戡被杀使宇文氏集团开始分裂，其势力也逐渐减弱。

宇文化及命令裴虔通守住彭城，自己则继续带兵西行。由于瓦岗军的阻挡，队伍行进到中原就不能继续前进了，大军被困在成皋到巩县一带。

当时，宇文化及主要面临王世充和瓦岗军两个劲敌。炀帝驾崩后，隋朝百官推举越王杨侗登基，改年号为"皇泰"，史称"皇泰帝"。虽然杨侗坐上了皇位，但实际掌握大权的却是王世充。王世充用高官厚爵诱使李密替自己卖命去攻打宇文化及。李密此时正腹背受敌，东边面临宇文化及的大军，西边又得提防东都隋兵的猛烈攻击。思考再三，李密决定接受官封。

同年盛夏，李密率领的瓦岗军在卫州童山重挫宇文化及大军，与此同时，瓦岗军自己也伤亡惨重。一直死守洛阳的王世充趁机突袭瓦岗军，坐收渔翁之利。

秋天，宇文化及带着仅剩两万余人的残兵败将从汲县流窜到魏县。到达魏县时，由于亲信尽

▲（隋）青瓷四系罐
肩部对称分布双泥条形系，肩部及下腹部各饰一周凸弦纹。褐黄胎，黄绿釉，另一侧施以天青色釉。

失，溃不成军，宇文氏兄弟终日借酒消愁。宇文化及明知大势已去，却仍然心有不甘，他叹息道："人总逃不过一死，难道我连一天的皇帝都当不得吗？"于是，他指使手下毒死杨浩，在魏县自立为皇帝，由于他曾经被立为许国公，所以定国号为许，改年号为天寿，并设置百官机构。

619年早春，宇文化及遭到李渊委派的淮安王李神通攻击，不得不向聊城溃退。不久，聊城被河北农民起义军首领窦建德攻破，宇文化及被活捉并被斩首示众。

农民领袖窦建德

窦建德是隋末著名的农民起义军领袖，贝州漳南（今河北故城）人，他为人豪爽，曾担任过里长，是乡里鼎鼎有名的大人物。后来，他目睹隋朝暴政，心中不平，遂愤而起兵。他领导的农民起义军是当时规模较大的一支反隋队伍，窦建德带领这支队伍占据了河南南部、山东西北部和河北大部分地区，建立了大夏政权，为推翻隋朝统治做出了重要贡献。

烽火四起，揭竿反隋

窦建德家中世代务农。隋大业七年（611），隋炀帝征兵讨伐高句丽，各个郡县都选派力大勇敢的人担当小头目，威猛的窦建德被推选为二百人长。窦建德的同乡好友孙安祖不愿应征，遭到县令毒打，他杀死县令后藏匿到窦建德家中。官兵追捕甚急，窦建德便助孙安祖召集一些同样难以为继的贫民，逃到高鸡泊（今山东武城北），兴兵反隋。

郡县长官对窦建德帮助逃犯的事愤恨不已，遂将他的家人全部捕杀。愤怒的窦建德毅然率领部下投奔同样以高鸡泊为根据地的高士达义军。不久，孙安祖死于内讧，窦建德便收编了他部下的数千名将士，其队伍壮大到万人以上。窦建德是农民出身，能与士卒共甘苦，因而深受部下拥戴。

同年冬天，涿郡通守郭绚率领一万大军袭击高士达。自知谋略欠缺的高士达任命窦建德为军司马，负责指挥作战。窦建德挑选了七千名精兵悍将，然后假称与高士达结仇，诈降郭绚，然后又假意献计共剿高士达，将郭绚的人马引至长河一带。毫无戒备的郭绚部众遭到突袭后，纷纷四散而逃。窦建德率兵追击，歼敌几千人，获得战马一千多匹，并斩杀了遁逃的郭绚，大胜而回。

与此同时，隋朝将领杨义臣也将矛头直指高鸡泊。窦建德见隋兵锐不可当，便建议高士达不宜硬碰，而应避其锋芒，等到敌军疲于奔走的时候再乘机偷袭，定能取得全胜。但是高士达不肯

▼（隋）陶骆驼
此骆驼昂首张口，短尾上翘，形体高大，驮着装满货物的皮囊，皮囊两端装饰着虎头图案。一人骑在上面，深目高鼻，身着圆领紧袖衫，左手拿着缰绳，右手高举在嘴边，像在进食。

采纳他的建议，只命窦建德留守高鸡泊，执意带兵亲自迎战。后来高士达获得小小的胜利，就大摆庆功宴，逐渐不把杨义臣放在眼里了。窦建德不禁担心道："东海公（高士达自称）还没破敌就骄傲自大，恐怕祸事将近了。"

五天以后，杨义臣果然大败高士达，并将其斩杀于阵前，然后乘胜追剿窦建德。窦建德兵力甚微，只得带领一百多人且战且退。杨义臣认为高鸡泊的起义军已经被剿灭，便班师回朝了。而窦建德则借机占领了饶阳，以将军自封，然后整理残部，厚葬了高士达和阵亡将士，以振士气。窦建德向来不随便斩杀隋朝官员，有很多隋朝的郡县长吏慕名举城来降。此后，他的势力又逐渐发展起来，成为隋末农民起义军中实力较强的一支队伍。

征战中原，雄踞河北

617年春天，窦建德在乐寿建都，自封为长乐王，次年更换名号为夏王，定号丁丑，开始设立政权机构。他率军占领了信都和清河诸郡，并在清河斩杀了隋朝将领杨善会。同年夏天，隋炀帝下令右翊卫将军、涿郡留守薛世雄带领三万大军支援东都，一路上对所遇盗贼格杀勿论。当行至河间七里井附近时，薛世雄的军队被窦建德的部队打败，薛世雄仅带领几百名骑兵向涿郡仓皇逃窜。窦建德紧追不舍，占领了河北的大部分地区。

618年，宇文化及在江都缢死隋炀帝，然后一路北上，在魏县称帝。619年，窦建德带兵袭击宇文化及，接连取得胜利。宇文化及退保聊城，窦建德率军大力攻城，最终诛杀了宇文化及。最开始，一些起义军将所俘获的隋朝官员一律杀掉，但窦建德却善待有才之士。除掉了宇文化及以后，窦建德开始重用隋朝降臣，封裴矩为尚书左仆射，崔君肃为侍中，何稠为工部尚书，柳调为左丞，虞世南为黄门侍郎，欧阳询为太常卿。其他官员也都依据才识各有重用。

窦建德称王以后，统治秩序尚未建立。裴矩便帮助他建设朝纲，制定法纪。窦建德非常高兴，时常向裴矩请教有关问题。窦建德生活非常简朴，日常饮食都是一些粗茶淡饭，他的夫人曹氏也从不穿戴绫罗绸缎。此外，他家里的奴婢很少，在战争中俘获的几千名隋朝宫女和上万名侍卫都被他遣散还乡了。

这年秋，窦建德占领洺州，将它改作新的都城，还在那里修筑了万春宫。他鼓励洺州百姓积极恢复生产，务农养蚕，使经济有了一定的发展。

▲（隋）青瓷双系盘口壶
盘口，圆肩，鼓腹，平底，肩上对称双系。施青釉，腹斑驳。

隋纪·唐纪 上　　隋纪　　农民领袖窦建德

◀（隋）青釉旋纹盖罐
腹部圆润，施青釉，有水状滴痕，造型古朴，线条流畅。

一个月后，窦建德带领十多万人马向洛阳进军，一路过关斩将，所向披靡。大军到达荥阳后，窦建德下令漕运粮草，水陆联合，在成皋东原安营扎寨，并在板渚地区修建宫宇，以示必战的决心。他一边差人知会王世充准备好接应；一边修书给李世民，要求他撤出潼关，归还掠地。

面对援军的到来，李世民下令继续围困洛阳，同时带领部分人马死守虎牢，准备截杀窦建德的军队。虎牢地势险峻，窦建德不敢贸然西行，只好暂时按兵不动。两军对峙一个多月，窦建德的一些部下见势不利，渐生归意。而此时，李世民又趁机偷袭窦建德的运粮大军，俘获将领张青特。局势越发对窦建德不利，可他偏偏不听劝阻，执意死战。

争雄全国，败于秦王

就在窦建德称雄河北的时候，王世充打败李密的军队，称霸河南，并在洛阳自封为"郑帝"。与此同时，长安的李渊也建立大唐，自封为帝，并开始逐渐向东扩张，意图统一全国。620年夏天，李世民领兵攻打洛阳，占领河南的大部分地区，洛阳城被孤立。王世充数次差人向窦建德借兵增援，但窦建德都作壁上观，不予理会。

同年冬天，窦建德带兵渡过黄河，径直讨伐济阴的孟海公。621年早春，窦建德攻克山东定陶，生擒孟海公，收编了那里的部队。当时，洛阳的局势十分急迫。有人提醒窦建德，如果洛阳不保，恐怕将来河北也会遭到侵犯，于是，窦建德决定出兵援助王世充。

就在窦建德的部队军心涣散、毫无斗志的时候，李世民看准时机下令发起猛攻。正在举行朝会的窦建德毫无防备，阵脚大乱。在两军混战中，窦建德不幸负伤，不得不领兵撤回牛口渚，最终被唐军生擒。王世充眼见窦建德溃败，知道已无力回天，也只好开城投降了。

621年夏，四十九岁的窦建德在长安被处决。从举兵反隋到兵败河南，近十年的时间里，他领导的河北起义军为推翻隋朝统治做出巨大贡献，是中原地区坚持反抗隋朝暴政的主要力量。虽然窦建德因小农意识犯下一些不可挽回的错误，但他仍然是中国历史上著名的农民起义领导者。

少年读全景
资治通鉴故事 5

隋纪·唐纪 上　　隋纪　　乱世枭雄王世充

隋纪
乱世枭雄王世充

王世充，字行满，父早亡。他的祖上原本居住在西域，以"支"为姓，后迁居到陕西临潼，他的母亲改嫁霸城人王粲，所以他随继父姓王。王世充擅长巴结逢迎，曾是隋炀帝的宠臣。他在铲平杨玄感叛乱和镇压河南山东一带的农民起义中立功，威名远扬，逐渐在河南一带拥有了自己的势力范围。后来，他打垮李密，自立为帝，实力可与河北的窦建德、长安的李渊相抗衡，成为隋末三股主要割据力量之一。

隋朝旧臣，废隋称帝

王世充自幼博览群书，尤其喜爱翻看兵史，对"兵法、龟策、推步之术"颇有研究。隋文帝时期，他立下军功，被封为仪同，后又升迁为兵部员外郎。王世充口才极佳，深谙律法，年轻时就已经表现出一种霸气。

隋炀帝时期，王世充被任命为江都郡丞，兼任江都宫监。在隋炀帝游幸江都期间，王世充极尽阿谀奉承之能事，拿出大量奇珍异宝进献，还准备了豪华的行宫接驾，因此深得隋炀帝的欢心。事实上，他对隋朝将乱早有预感，因此在平时往往主动结交江湖人士，还借助释放囚犯来收买心腹。果然，不久后国家陷入内乱。他先后扫平了杨玄感叛乱和孟让逆反，共剿杀叛军一万多名，活捉十余万人，可谓战功显赫。炀帝认为他有将帅风范，非常器重他，并在庆功宴上亲赐御酒以示对他的嘉奖。

617年冬天，炀帝命令王世充前去讨伐已经占领了兴洛仓的李密。想不到王世充出师不利，大败而归，几万隋军所剩无几。羞愧难当的王世充把自己投进大牢谢罪。但当时越王杨侗已经无将可派，便又差人把他释放出来，命他整理残部，重征洛阳。

没过多久，炀帝在江都被宇文化及缢杀。百官推举越王杨侗在洛阳称帝，王世充被封为吏部尚书，封号郑国公。杨侗登基后，与群臣商议，准备诱降李密，利用李密来打击宇文化及，然后等两军俱疲的时候坐收渔翁之利。

于是，越王杨侗封李密为太尉。王世充闻知此事十分恐惧，因为他曾与李密阵前为敌，彼此杀伤无数，担心如果李密歼灭宇文化及回朝，将对自己构成威胁。于是，他千方百计地造谣惑众，然后杀掉奉旨招降李密的使者，独霸朝政大权。没过多久，李密打垮了宇文化及，双方元气大伤。王世充则借机假托天意带领大军征讨李密。正在为击垮宇文化及而沾沾自喜的李密疏于防范，遭到王世充的突然袭击，溃败后只好带兵投奔大唐。

居功自傲的王世充野心逐渐膨

◀ (隋) 武士俑
身穿铠甲，头戴圆盔，腰间束带。手中应持有长矛、利剑之类兵器，现已丢佚。

041

胀，再加上有些道士胡言乱语，他越来越相信自己有皇帝的福相，便开始想要称王称帝了。为蛊惑人心，王世充差人四处张网捕鸟，然后把写有"王世充应为皇帝"的布条系在鸟脖子上，把鸟放飞后再派人射下，以诓骗众人。619年，王世充见时机成熟，便废掉杨侗，自立为帝，定国号为郑，把亲戚兄弟都封为王侯，盘踞洛阳与大唐对峙。

争锋天下，战败降唐

王世充自立为帝后，裴仁基等原隋朝大臣便开始商议除掉反贼王世充，再拥杨侗复位。后来事情败露，参与商议的大臣都被王世充除掉了。为免除后患，王世充又毒杀了杨侗。想不到没过多久，王世充手下的罗士信等人便纷纷倒戈，投奔了大唐李渊。

眼看着手下纷纷背弃自己，恼羞成怒的王世充杀心顿起，他下令：只要有一人叛逃，就诛灭全族；百姓每五家互保，实行连带责任制。他还把有叛逃嫌疑的人都投入大牢，就连大将带兵出征，也要把全家人关在宫中作为人质。由于王世充一直在洛阳城内屯兵，城里的粮食很快就吃没了，每天都有成百上千的平民被活活饿死，甚至上演了人吃人的惨烈悲剧。

没过多久，秦王李世民率领大军前来讨伐，先后收降了洛阳附近的众多城池，只剩下王世充独守洛阳孤城。情急之下，王世充修书给河北窦建德，以"唇齿相依"为由请求援助。一开始，窦建德并不理睬，后来他禁不住大臣们苦谏，便决定带领人马前去援救。结果，不仅窦建德部队被李世民打得溃不成军，连窦建德本人也被俘虏。

看到窦建德被俘，绝望的王世充跟属下商量如何突围逃跑，但所有部下都低头不语。孤立无援的王世充知道回天乏术，只好举旗投降。

▲（隋）白瓷双腹龙柄传瓶

此器为白瓷，两瓶身相连，连接处上伸一杯式口，颈部有凹弦纹三周。釉施及于腹部弦纹以下，有冰裂纹细开片，近底部分及底部露胎。烧制白瓷所需的高岭土（瓷土）因含铁量较高，经过上千度高温也只能烧成青瓷器，因而烧制时必须控制瓷土中的含铁量，克服铁的呈色干扰，方能制成白瓷。中国在北齐时已开始烧制白瓷，但当时烧成的白瓷普遍泛青，说明含铁量偏高，烧制温度偏低，烧制工艺还不够成熟。而这件隋代白瓷器胎、釉已完全不见白中泛青现象。

王世充被李世民押解到长安，李渊当面宣读他的罪状。诚惶诚恐的王世充跪地求饶："我罪该万死，但秦王承诺保我不死。"于是，李渊只好下诏把王氏全家发配到蜀地充军。

就在王世充全家整装待发的时候，羽林将军独孤修德突然前来宣诏，王世充跪听圣旨时被杀死。原来，独孤修德是假传圣旨前来报仇的。早在王世充刚刚称帝时，他杀掉的那批隋朝大臣中的独孤机，正是独孤修德的父亲。

王世充作为隋末割据势力之一，心狠手辣，杀人如麻，其残暴统治使当地百姓遭受了灭顶之灾。他最终死在仇家手里，实属咎由自取。

少年读全景资治通鉴故事 5

———— 隋纪·唐纪 上 ————

唐纪 上

公元 618 年～公元 907 年

隋纪·唐纪 上　　唐纪 上　　李渊长安称帝

唐纪 上
李渊长安称帝

李渊，字叔德，隋末杰出的政治家、军事家，唐王朝的建立者，史称唐高祖。隋朝末年，农民起义频发，隋朝的统治遭到致命打击。在义军逐渐瓦解了杨氏政权的统治力量以后，各地方豪强贵族的力量开始渗透进农民起义军的队伍。名门望族出身的唐国公李渊也借机在太原起兵，并于618年建立了唐朝，定都长安。

出身将门，袭爵为官

李渊家世显赫，他的祖父李虎是北周的开国功臣，西魏八大柱国之一，主要负责统率府兵，死后被追封为唐国公。李渊的父亲李昞承袭世爵，先后被封为御史大夫和柱国大将军。

李渊的姨母就是赫赫有名的独孤皇后，正是因为跟皇室有这样一层亲属关系，出生于长安的李渊从小就沐浴着皇族恩泽。他七岁时就已经有了爵位，享受着唐国公的待遇，后来又先后任谯（今安徽亳州）、陇（今陕西陇县）、岐（今陕西凤翔）三州刺史。

隋炀帝杨广登基以后，立刻把亲表哥李渊当成自己的心腹之臣，委以重任。炀帝先是派李渊出京担任荥阳（今河南郑州）、楼烦（今山西静乐）两郡太守，然后又调他回京，升为殿内少监，后又拜为卫尉少卿。

613年，杨玄感起兵造反，李渊奉命把守弘化郡（今甘肃庆阳），同时负责处理关右诸军事务。

615年，隋炀帝封李渊为山西河东慰抚大使，想依靠李渊的势力和威信，缓和阶级矛盾，镇压动乱，稳定民心。

617年，隋炀帝派李渊前往军事要地太原镇守。这时，李渊的势力已经非常强大了。于是，他一边奉旨公干，一边暗暗积蓄力量，不仅私自扩充了军队，还广积粮草。李渊所镇守的太原，便成了他扩充势力、称霸天下的基地。

起兵太原，击檄反隋

隋朝末年，时局动荡，农民起义军的旗帜已经插遍大江南北，黄河与江淮地区的农民义军尤为凶猛，不断地冲击着杨氏政权的统治。而此时，隋朝统治阶级内部的裂痕也越来越大。杨玄感起兵谋反以后，隋炀帝的疑心病越来越重，处死了一批他认为另有企图的臣子，致使满朝

◀ **唐高祖李渊像**
唐高祖李渊（566~635），字叔德。李渊建唐为李世民的辉煌统治打下了坚实的政治、经济和军事基础。

隋纪·唐纪 上　　　唐纪 上　　　李渊长安称帝

◁开元通宝
唐初沿用隋五铢，轻小淆杂。唐高祖武德四年（621），为整治混乱的币制，下令废隋钱，效仿西汉五铢钱的严格规范，开铸"开元通宝"，取代社会上遗存的五铢。唐代开元通宝的铸制与流通在我国钱币形制发展史上有着划时代的意义。

召集大批人马，然后趁机闯关，夺得天下，成就帝业。李世民听后非常高兴。

617年春，鹰扬府校尉刘武周兴兵叛隋，占据了汾阳宫，还自封为天子，并定国号为杨。李渊趁机以扫平叛党为借口，大肆招兵买马，同时秘密差人通知儿子李建成和李元吉聚集晋阳，准备发动兵变。

这时，太原副留守高君雅、王威发觉李渊有逆反之意，准备上奏隋炀帝。李渊见走漏风声，便诬陷高、王二人私通突厥，借机杀掉了他们，然后在太原正式兴兵反隋。

审时度势，挥师关中

公开反隋后，李渊原打算带兵直接攻入关内，但又害怕突厥趁乱袭击他的大本营太原。于是，李渊派遣刘文静为使者，带上重礼出使突厥，商议与突厥和亲停战的具体事宜。突厥可汗欣然接受了他的提议，并许诺愿意大力协助李渊夺得帝位。

当年夏天，李建成和李元吉兄弟二人从河东抵达晋阳。裴寂等人建议李渊废掉隋帝改立代王，这样才能做到师出有名，同时也能示意突厥自己有取胜的决心。李渊采纳了这个建议。

当时西河郡不肯跟随李渊谋反，李渊便命李建成和李世民领军攻打西河郡，攻陷后又斩杀了郡丞高德儒。从此以后，李渊自封为大将军，并且设置了官府机构。

然后，李渊又封李建成为陇西公，并任命其

文武人人自危。后来又因郕国公李浑的名字应了"李氏当为天子"的传言，隋炀帝便下令诛灭了他全家老少共三十二人。从此，人心惶惶，朝政更加混乱。

与暴虐的隋炀帝比起来，李渊性格沉稳，胸怀宽广，雄才大略，待人接物不卑不亢。李渊的记忆力特别好，全国的关隘要道均熟记于心。而且李渊目光远大，很久以前就开始吩咐大儿子李建成和二儿子李世民分别在河东和晋阳招贤纳士，广交豪杰，以扩充势力。

当年，晋阳令刘文静初识李渊，便认为他志向远大，并主动示好。后来，刘文静因与李密沾亲而被连累入狱，李世民得知后前往探望，他们在大牢里探讨了谋反的计策。刘文静仔细分析当时的局势，提出"驱驾取之"的主张，并强调必须要

| 隋纪·唐纪 上 | 唐纪 上 | 李渊长安称帝 |

▶孔子庙堂碑

唐武德九年（626）刻。原碑已毁，碑楷书三十五行，行六十四字。拓本一册。钤"玉堂仙印"章。《孔子庙堂碑》有数种，此虞世南书最为有名，为唐碑刻中的杰出之作。

为左领军大都督，负责统领左三军；封李世民为敦煌公，并任命其为右领军大都督，负责统领右三军。接下来李渊大开仓库，赈灾济穷，得到附近小股势力的支持。这些事情都安排稳妥以后，为了夺得天下，李渊决定亲自带兵进关。

617年夏，李渊举兵南下，同年冬天便攻陷长安。此次出兵神速，攻城迅猛，战绩显赫。当然，这也与瓦岗军分散了隋军的精力，并阻挡隋军后援部队的跟进有关，这使得李渊能够轻松地拿下长安。

运筹帷幄，长安称帝

李渊控制长安以后，原本可以立即登基即位，号令天下，但他经过仔细考虑以后，并没有急于称帝，而是拥立隋炀帝的孙子代王杨侑为傀儡皇帝，改年号为"义宁"，而且还把远在江都的隋炀帝封为"太上皇"。

其实，李渊的这种手段十分高明，不仅堵住了众人之口，而且还牢牢地掌握了朝权，更重要的是他用这种道貌岸然的手法收买了很多老臣的忠心。改朝换代过程中经常会遇到的非常棘手的政治问题，就这样被他一一化解了。同时，此举也为后来夺取全面胜利铺平了道路。

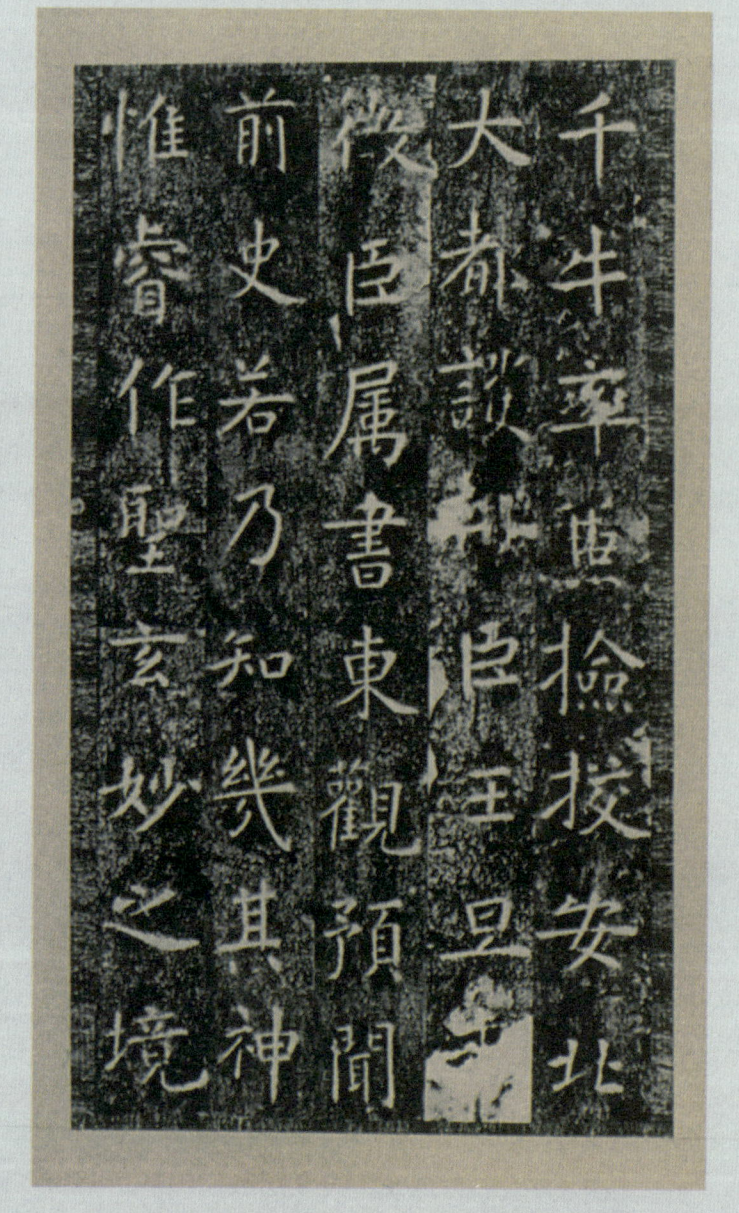

618年春，宇文化及在江都缢杀了隋炀帝，这一事变为李渊最后夺取政权制造了契机。同年夏天，李渊暗中迫使杨侑让出帝位，然后自己假意推辞了几次，便欣然登基，将国号改为"唐"，改年号为"武德"，定都长安，史称唐高祖。

隋纪·唐纪 上　　唐纪 上　　玄武门之变

唐纪 上
玄武门之变

李世民是李渊的次子，性格洒脱，有勇有谋。他是隋末一位天才型的军事家，深谙兵法。自其父在太原起兵反隋以后，他就作为一个精明强干的军事统帅率领军队南征北战，北平刘武周、宋金刚，西征薛举父子，东俘窦建德、王世充，并横扫刘黑闼，在李渊逐鹿中原、夺取政权的过程中，战功显赫，罕有其匹。李渊登基后，封李世民为秦王。

少年英雄，功勋盖世

李世民自幼研习武艺，骑射俱佳。他力大无比，箭术精湛，连他所用的箭都是普通箭的两倍粗。615年，隋炀帝北巡，遭到突厥始毕可汗的攻击，被围困在雁门城内。当时正在屯卫将军云定兴手下谋事的李世民，提出虚张声势、昼引旌旗数十里、夜以擂鼓造势的疑兵计。云定兴按照他的计策部署，突厥人果然上当，退兵而去。

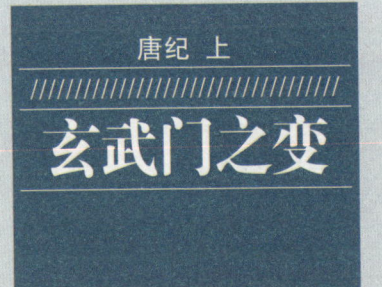

李渊反隋之后，李世民力主进军长安，并与大哥李建成一起带兵攻打西河郡（今山西汾阳），获得大捷，打通了通往长安的关卡。617年秋，李世民率军至河东（今山西永济西南），随即率军西渡黄河，顺利占领渭河以北地区，当地地主豪强纷纷前来投靠，

▼玄武门之变
唐高祖武德九年(626)，太子李建成和秦王李世民的兄弟之争到了白热化的地步。李世民在玄武门射杀了李建成和齐王李元吉。随后，李渊诏立李世民为皇太子，不久李世民即位，史称唐太宗。

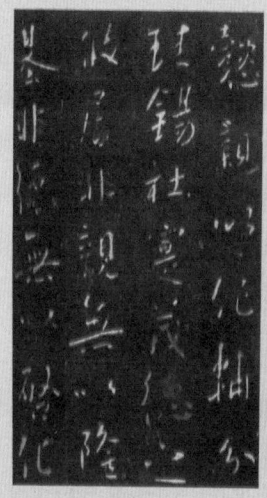

▶▶ 隋纪·唐纪 上　　▶▶ 唐纪 上　　▶▶ 玄武门之变

▲唐太宗《晋祠铭》
全称《晋祠之铭并序碑》，唐太宗撰文并书。碑高一百九十五厘米，宽一百二十厘米。碑额高一百〇六厘米，上刻"贞观廿年正月廿六日"飞白书九字。此碑行书二十八行，行四十四字至五十字不等。此碑书法浑然天成，笔画结实爽利，实开八大山人之行楷书先河。

数支农民起义军也来归附。同年冬，李世民便率各路军队攻下长安。

次年，李渊正式登基称帝，封李世民为秦王。为平定天下，李氏政权先后组织六次大规模战役，其中四次由李世民亲自指导，均大获全胜。

第一次是扫平陇右薛举父子的战役。618年，薛举领兵攻入关中，薛、李双方在今陕西长武展开大战。李世民首战失利，但没过多久，便在浅水原之战中反败而胜，彻底平定了陇右势力。

第二次是抗击刘武周的战役。刘武周依仗突厥的势力，挥师南下占领并州。李世民迎难而上，一举粉碎了刘军的主力，并连续两天三夜全力追剿其残余部队，取得了全胜。

第三次是与劲敌王世充和窦建德的战役。李世民先是大败王世充，然后把他围堵在洛阳城内。但是窦建德率十余万人马从唐军背后赶来，企图解救王世充。李世民果断采取措施，以弱胜强，于虎牢一役击垮援军，活捉了窦建德，王世充被迫投降。李世民在一次战役中就铲除了两股割据势力，从此名震天下。

第四次是歼灭刘黑闼的战役。窦建德被消灭后，其旧部刘黑闼以为窦建德复仇的名义在河北兴兵反唐。李世民领导唐军很快就扫平了这股势力。从此，李唐政权基本坐拥天下。

觊觎皇位，兄弟反目

李世民共有三个同母兄弟，包括大哥李建成、三弟李玄霸、四弟李元吉，他们全是窦皇后所生。其中李玄霸英年早逝。李渊登基后，立李建成为太子，封李世民为秦王，李元吉为齐王。在李渊统一天下的历次征战中，秦王李世民骁勇善战，立下了赫赫战功。他文武兼济，身边还有众多的能人义士相助：文臣有房玄龄、杜如晦等十八学士，武将有尉迟敬德、秦叔宝等沙场猛将，实力非常雄厚。李渊也觉得李世民的功劳朝廷上下无人能及，于是，他特地加封李世民为"天策上将"，位列所有王公大臣之上。

与秦王比起来，太子李建成既无显赫战功，也没有过人的才智，仅仅因为李渊遵循长子继承制才被立为皇位继承人，因此，他非常担心秦王与自己争夺太子位，于是便萌生了杀机，与四弟李元吉合谋算计秦王。高祖有不少宠爱的后宫佳丽，所以李建成和李元吉经常送礼取悦那些宠妃，让她们在高祖面前诋毁李世民，使得高祖渐渐对李世民有了不满之心。

624年，庆州总管杨文干谋反，太子李建成被牵扯在内，李世民奉命前去平叛。临行前，李渊承诺等李世民平息这次叛乱以后，就改立他为太子。李世民领兵很快就铲除了叛党，可李渊却在李元吉和嫔妃们的央求下改变了心意，在李世民得胜归来后，再也不提当初的承诺。此后，李世民兄弟间的积怨更深了。后来，李建成又假意宴请李世民，并在他的酒里下了毒。李世民饮了毒酒后感觉五脏俱焚，疼痛难忍，幸好淮安王李神通及时把他送回秦王府，他才侥幸未死。这次事件后，李世民更坚定了铲除太子李建成的决心。

兵戈相见，手足残杀

626年，突厥进犯大唐，李建成向李渊推荐李元吉带兵北击突厥，并要求借用李世民麾下大将尉迟敬德和秦叔宝等人及其所有精兵。李建成和李元吉此举的目的是削减李世民的实力，下一步计划就是派人刺杀李世民。李世民得到密报，便决定先动手除掉太子，以免陷于被动。

于是，李世民上奏高祖，揭发李建成和李元吉二人扰乱宫闱，且还企图置自己于死地。李渊大怒，差人宣他们进宫面圣，想亲自查问清楚。此时，李世民事先已经部署尉迟敬德、长孙无忌及李孟尝等人在玄武门内埋伏，并收买了李建成的手下——玄武门守将。

李建成和李元吉奉诏进宫时，发现守城人马不是自己的心腹，想掉头逃回东宫，但已经迟了。李世民一马当先迎出玄武门，兄弟兵戎相见。李元吉且战且退，慌乱之中连发三箭，却因为仓促开弓力道不够，三箭均未射中目标。李世民勒紧缰绳，稳住马步，然后镇定自若地搭弓放箭，李建成应声落马，当场暴毙。紧接着，李元吉也被射中，后被尉迟敬德杀死。

东宫和齐王府的人听说玄武门之变后，冯立、薛万彻、谢叔方等人迅速带领精兵强将前来救援，却一直攻不下玄武门，于是改袭秦王府。尉迟敬德割下李建成和李元吉的首级送到秦王府示众，东宫和齐王府的人见二人身亡，立刻军心大乱，四散逃窜。之后，尉迟敬德连忙进宫上奏说："太子和齐王企图谋反，已经被秦王剿灭了。秦王担心惊扰皇上，特地命我前来护驾。"李渊听闻此事，心下大惊。宰相萧瑀进言说："太子和齐王原本平庸无能，他们嫉贤妒能，企图谋害秦王。如今秦王已处置他们二人，秦王功勋卓著，百姓诚心归向他。如果皇上立他为太子，将国事交托给他，就不会再发生事端了。"李渊无奈，只得下诏宣告李建成和李元吉二人罪名，改立李世民为太子。

李世民终于坐上了太子宝座。同年秋天，李渊退位，李世民继承大统，改年号为"贞观"。

◀ "昭陵六骏"之什伐赤

"什伐"为波斯语"马"的意思。该马毛色纯赤，来自波斯，是李世民在洛阳与王世充作战时的坐骑。李世民对它的赞语是："瀍涧未静，斧钺申威，朱汗骋足，青旌凯归。"

千古一帝唐太宗

唐太宗登基以后，勤于政事，招揽贤才，广开言路，总结历朝历代尤其是隋朝灭亡的教训，并积极革新政治，推动经济发展，改善民族关系，为统一的多民族国家的发展做出了卓越的贡献。

举贤任能，纳谏如流

唐太宗有一个著名的政治观点："为政之要，惟在得人。"辅佐太宗的群臣，有的家境贫寒，如马周、戴胄、杜正伦、张玄素、刘洎、岑文本、崔仁师等；有的身世显赫，如萧瑀、陈叔达等；有的曾为敌军效力，如屈突通、李勣、秦叔宝、程知节等；有的曾经侍奉太子李建成，如魏征、韦挺等。

对于有德行、有能力的人才，太宗从不计较他们的家庭身世和过去的履历，统统招为己用。曾经侍奉东宫太子的中书舍人王珪能力出众，深得李建成器重。李建成被诛以后，太宗立刻提拔王珪为谏议大夫，并加以重用。

有一年天下大旱，太宗征求良策时，发现中郎将常何的奏章条文清晰，理论有据，感到非常惊讶。因为常何是武将出身，很难写出这样内容严谨的奏折。太宗经过详细了解才知道，原来这本奏折是常何的门客马周写的。于是，太宗立刻宣见马周，并把他安排在门下省司职，后来又将他提拔为中书令。由此可见，太宗用人，任人唯贤，不论出身，他与贤臣魏征更是成就了历史上君臣相得的一段佳话。

魏征曾经是李建成的部下，玄武门事变后，被太宗收为己用。太宗非常信任他，把他看成是心腹重臣。魏征建议太宗要积极听取不同的政见，了解各方的心声，避免因偏听偏信而受到蒙蔽。他性情耿直，发表意见时直言不讳，就算当场惹恼了太宗，也坚持己见，毫不让步。太宗有时会对魏征的无礼感到气愤，思量之后，又往往能够接受劝谏。魏征因病辞世的时候，太

▶唐太宗李世民像
唐太宗李世民（599~649），唐朝第二位君王。他在位期间国泰民安，社会安定，经济繁荣发展，军事力量强大，这段时期被后人称为"贞观之治"。

隋纪·唐纪 上　　　唐纪 上　　　千古一帝唐太宗

▲（唐）昭陵六骏之飒露紫

昭陵是唐太宗李世民和文德皇后的合葬墓，位于陕西礼泉。墓旁祭殿两侧有庑廊，"昭陵六骏"石刻就列置其中。石刻中的"六骏"是李世民经常乘骑的六匹战马：一为飒露紫，二为拳毛䯄，三为青骓，四为什伐赤，五为特勒骠，六为白蹄乌。

宗大哭道："以铜为鉴，可以正衣冠，以史为鉴，可以知兴替，以人为鉴，可以明得失。魏征没，朕亡一镜矣！"

正是因为太宗能够识人用人，广开言路，他在位期间才避免和纠正了很多失误，在众多的封建君主中，他可以称得上是为数不多的肯悉心听取群臣意见的皇帝。正因为如此，他在位时期才会出现"贞观之治"的盛景。

贞观之治，万古流芳

唐太宗亲历了隋末的动荡，所以才能更深刻地吸取隋朝灭亡的教训。他登基以后，便着手实施了一些对国家和百姓都有利的举措。他大施仁政，不但放归了一批宫女侍卫，还减免苛捐杂税，缓和了阶级矛盾。此外，他大力提倡勤俭节约，使社会变得安定、祥和，为恢复生产、巩固政权创造了良好的条件。

太宗还大力整顿律法，严惩贪赃枉法的官吏。他不主张使用严酷的律法，认为如果朝廷能够任用廉洁的官员，他们能做到勤俭爱民，使老百姓衣食无忧，自然就不会有违法犯罪的事情发生了。当然，他对触犯国法的人也决不姑息。

在外交上，太宗一面采取措施积极抵御北部突厥人的进犯，一面主张以和为贵，提倡文教，停息武备，减少战乱。太宗稳定了边疆局势以后，大力设置属地州县，妥善安排投降军民的生活。这一时期，边境的战祸明显减少，矛盾趋于缓和，太

少年读全景 资治通鉴故事 5

| 隋纪·唐纪 上 | 唐纪 上 | 千古一帝唐太宗 |

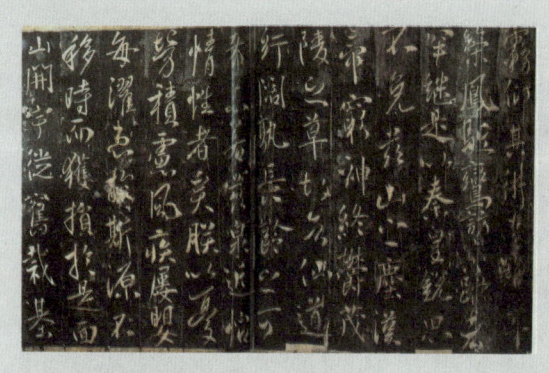

▲唐太宗《温泉铭》（部分）
《温泉铭》是唐太宗为骊山温泉撰写的一块行书碑文。书风激越跌宕，字势多奇拗。俞复在帖后跋云："伯施（虞世南）、信本（欧阳询）、登善（褚遂良）诸人，各出其奇，各诣其极，但以视此本，则于书法上，固当北面称臣耳。"对其评价极高。

宗因此被北方各族人民尊称为"天可汗"。此外，太宗还把文成公主嫁往吐蕃，由此揭开了汉藏两族友好关系的新篇章，推动了中国多民族融合的进程。

唐太宗执政期间，社会稳定，人丁兴旺，百废俱兴。他勤于朝政，积极吸取隋末农民起义的教训，颁布实施一系列惠国惠民的开明政策，不仅巩固了唐朝政权，还迅速恢复和发展了社会生产，使社会走进了一个相对稳定和谐的新阶段。这一时期，封建生产力迅猛发展，无论经济、政治、外交还是文化领域都取得了辉煌的成就，唐朝在世界上的声望也迅速提高。这段时期被史学家称为"贞观之治"。

唐朝是中国历史上最辉煌的封建王朝，而"贞观之治"期间又是我国历史上最强盛的时期之一。这一切，都与唐太宗李世民的努力紧密相连，他也因此被后人誉为千古一帝。

多才多艺，妙笔生花

唐太宗不仅在战场上攻无不克，更是一位知识渊博、学富五车的君主。他不但诗文俱佳，而且擅长书法，尤其擅长虚实相济的"飞白书"。他仔细研究揣摩了王羲之的书法技巧，总结心得体会，写出了著名的《笔法论》《指法论》和《笔意论》。

太宗早年南征北战，深谙骑射之道，因此，他非常喜欢宝马和良弓，对于宝马，更是珍爱到了极点。太宗曾经特地作了一首《咏饮马》："骏骨饮长泾，奔流洒络缨。细纹连喷聚，乱荇饶蹄萦。水光鞍上侧，马影溜中横。翻似天池里，腾波龙种生。"全诗语言晓畅，音韵和谐，节奏明快，不失为一篇佳作。

尽管唐太宗在文学方面有一定才能，但他从来都不引以为傲，而且还不允许别人整理编辑他的作品。他曾经表示："作为一国之君，最关键的是做出伟大的政绩，单单写就华丽的文章是无益于治理国家的。"

一直到了清代，才有人把他的七卷文、五篇赋、六十九首诗录入《全唐诗》和《全唐文》。后人也只能从这两部作品集中欣赏到他的一些作品，并从中领略他的文学造诣了。

▲（唐）四神纹铜镜
四神纹是以青龙、白虎、朱雀、玄武四种神像组成的纹饰。汉代多用作瓦当、铜镜、墓室和葬具上的装饰。两晋、南北朝至唐代初年甚为流行。该镜呈荷叶边方形，古朴大方，为唐初器物。

唐纪 上
一代贤后长孙氏

唐太宗李世民的皇后长孙氏是历史上有名的贤后，她是鲜卑族人，父亲长孙晟官至隋朝右骁卫将军。长孙皇后自幼喜读诗书，通情达理，十三岁时即嫁给了唐国公李渊的次子李世民，并在李世民登基以后被立为皇后。她以高尚的情操和贤德的品行得到了皇帝及满朝文武的由衷敬佩，在其后的历朝历代都被视为皇后的楷模。

（唐）高昌吉利钱
贞观年间，高昌国当时铸行的一种流通货币，有大样、中样、小样等多种版别。从钱质上看，可分红铜与青铜两种。钱体厚重，制作精美，钱文为隶书，方正见长，旋读，素背。此钱现存世量不足三枚，十分珍稀。

母仪天下，贤淑温良

626年秋天，太子李世民登上帝位，太子妃长孙氏顺理成章地被封为一国之母，成为赫赫有名的长孙皇后。贵为国母的长孙皇后没有因为身份地位的改变而变得骄横跋扈，依然贤明勤俭，恪守本分。

太上皇李渊在世的时候，长孙皇后每天都坚持早晚前去问安尽孝。她不但自己细心周到地服侍公公，还时常嘱咐李渊身边的侍女要尽心照料太上皇的饮食起居。在对后宫嫔妃的态度上，长孙皇后也表现得十分大度宽和，不但自己不争宠吃醋，还经常提醒李世民要平等对待每一位后妃姬妾。在她的管理下，后宫非常太平，嫔妃之间很少产生矛盾摩擦，这在历史上是十分少见的。

唐太宗对长孙皇后的品行十分赞赏，时常在上殿议事之后向长孙皇后提及朝中大事和相关的一些细节。而长孙皇后却总是刻意回避，因为她虽为皇后，却不想去干涉朝廷政务。从小恪守礼法的她认为无论是男是女，都有自己的本职，所以都应当安守本分，不应该私越雷池。因此，她寻找到合适的时机后，就对太宗说："母鸡唱晓是不合情理的事情，女人干涉朝政也是不合乎礼法的。"但唐太宗并不介意，执意让她说出自己的建议。长孙皇后考虑再三，只说了"居安思危，任贤纳谏"八个字。当然，这也只是提醒唐太宗做事要讲原则，而并未涉及具体政务，因为她知道，朝中人才济济，根本不用她去操心。

限制本家，智谏太宗

纵观历朝历代，大多数皇后都会为了巩固地位而极力提拔自己的族人入朝为官，而长孙皇后却恰恰相反。她的哥哥长孙无忌跟唐太宗交情很深，他不但在唐朝建立时立下过战功，而且还在玄武门事件中出过力，所以深得太宗的赏识。当太宗有意拜他为相时，长孙皇后立刻出面阻拦，并对唐太宗说："我现在已经贵为一国之母了，不想再让家人占据高位。鉴于前朝吕、霍的教训，恳请皇上另择高人吧。"由于长孙皇后言辞恳切，唐太宗只得另作打算。

长孙皇后不但严格约束自己的族人，对子女的管教也十分严格。唐太宗非常疼爱长孙皇后的亲生女儿长乐公主，所以为长乐公主准备了十分丰厚的嫁妆，甚至比长公主的嫁妆还要丰厚。魏征指出这种做法欠妥。

退朝后，太宗把这件事情告诉了长孙皇后，皇后听后，十分欣慰地说："我虽然早知道魏征深得陛下的信任，却一直不知道原因，今天听说此事，才恍然大悟。朝中有这样忠肝义胆、敢于直谏的良臣，如果皇上以后处理政务时能够充分理解和接纳他们的意见，就是最大的幸事了。"

作为一代名臣，魏征常常向太宗直言进谏，甚至常让太宗下不来台。一次，太宗退朝回到后宫后，怒气冲冲地对长孙皇后说："这个老匹夫，我一定杀之而后快！"长孙皇后问："是谁惹怒了陛下？"太宗回答："魏征！他常在朝堂上顶撞我。"长孙皇后听完，立刻转身回到寝宫更衣，然后穿着隆重的正装出来叩拜太宗，嘴里还念道："恭贺皇上！"太宗被长孙皇后的举动搞得一头雾水，惊诧地问："皇后为什么行此大礼？"长孙皇后郑重其事地回答："我曾听说过'主明臣直'，今日听闻魏征如此耿直，可见他心中必定认为您是圣明君主，因此向皇上道贺。"太宗觉得皇后的话很有道理，转而大喜，还特地嘉奖了魏征的耿直。

心怀天下，千古流芳

634年夏天，长孙皇后在九成宫（今陕西麟游）避暑期间突患重病，尽管看遍了名医，吃尽了良药，情况却一直不见好转，反而越加严重。情急之下，太子想到了大赦天下和度化向道，想用行大善、积大德的方式来乞求神灵庇佑，但是，长孙皇后却坚决反对。长孙皇后语重心长地对太子说："自古以来大赦天下都关乎国事，佛家道家也都有自己的门规，怎么能随意特赦罪犯和劝人入教呢？那样肯定会扰乱政局的。而且这两件事情都是皇上现在不想做的，怎么能因为我一个人而乱了国家的法度呢？"听了皇后的这番话，太子很惭愧，没敢把这件事情直接禀告太宗，而是先告诉了房玄龄，由房玄龄转奏给太宗。太宗得知皇后的微言大义，感动得热泪盈眶。

636年夏天，长孙皇后病危，她推心置腹地对太宗说："我们长孙家原本没有什么功德才能，只是因为有幸跟皇族结亲，才得以光耀门楣。为了保持长孙家的清誉，请皇上答应我以后不要再封赏长孙氏族了。我有生之年并没有为国家做过什么贡献，所以死后也不要大操大办，不

◀（唐）张萱《捣练图》（局部）
此图描绘了唐代城市妇女在捣练、络线、熨平、缝制等劳动操作时的情景。画中人物动作凝神自然，细节刻画生动，表现出作者的观察入微。其线条工细道劲，设色富丽。此图中"丰肥体"的人物造型展现了唐代仕女画的典型风格。

| 隋纪·唐纪 上 | 唐纪 上 | 一代贤后长孙氏 |

要建坟修棺浪费财力，只简单埋葬就可以了。请求皇上一切从俭，权当是对我的纪念吧。"此后不久，一代贤后病薨宫中，并于当年冬天埋葬在昭陵。

高居后宫之首，长孙皇后却从不滥用职权，反而以身作则，凭借自己高尚的情操和贤德的品行，得到天下人的敬佩和尊重，成为后人的楷模。

▲ (唐) 三彩角杯
辽宁朝阳西北郊狼山唐墓出土。此杯形状仿牛角杯，但整体造型为一孔雀，头部回顾弯曲形成杯柄，圆腹为杯身，舒展的尾屏形成喇叭状杯口。

▶ (唐) 白瓷鱼纹盘
器呈海棠四瓣花形，侈口（广口）敛腹有圈足，全器光素，除圈足接地处露胎外，皆满施白釉。器内模贴鱼与数只小鸟为饰，因白釉浇附其上，故鱼与鸟仅见轮廓，身上雕纹均甚模糊。

唐纪 上
文成公主入藏

唐太宗时，唐朝疆域广阔，经济繁荣，文化发达，威名远震边陲。很多小国纷纷派出使者来到大唐表示臣服，其首领争相请求与唐朝联姻，希望以此来壮大声威。吐蕃的松赞干布称王后，也向唐朝提出和亲的请求，于是唐太宗便把文成公主远嫁吐蕃，成就了我国民族关系史上的一段佳话。

吐蕃求婚，公主入藏

吐蕃国国王松赞干布胆识过人，英勇善战，领导族人打败了许多青藏高原的小部落，建立起一个庞大的奴隶制政权，并把逻些（今拉萨）定为首都，从此开始称霸整个青藏高原。那时正是唐太宗在位时期，唐朝的威名远传边陲。松赞干布向来仰慕唐朝文化，便在634年冬天派遣第一批使臣拜访长安，唐朝也派遣使臣回访吐蕃，自此拉开了汉藏两族相互往来的序幕。

后来，松赞干布又屡次派遣使臣到长安朝贡，并想像吐谷浑和突厥人那样同唐朝和亲。事实上，唐太宗最初并没有答应，但使臣返回吐蕃后，却谎报说："我们刚进长安的时候得到了唐朝的礼遇，唐王也答应了和亲。但是后来吐谷浑国王也到了长安，还在唐王面前诋毁我们，于是唐王又不允许和亲了。"松赞干布听后大发雷霆，立刻出兵袭击吐谷浑。吐谷浑难以抵挡松赞干布的攻击，只好向青海方向逃窜。松赞干布击溃了党项和白兰羌两个部族以后，把二十万兵力驻扎在松州（今四川松潘）以西，并差遣使臣去长安进奉珠宝财物，说是给唐朝公主的聘礼。而且还让使者传话说："如果唐廷不肯把公主嫁到吐蕃，就立刻攻打大唐。"太宗对这种威逼求婚的行为十分反感，再一次拒绝和亲。没过多久，松赞干布毅然带兵攻打松州。唐太宗立刻命吏部尚书侯君集带领五万大军兵分四路围歼吐蕃军队，松赞干布损失一千多名士兵，铩羽而归。后来松赞干布又差遣使臣前来谢

▲松赞干布像
松赞干布是藏族历史上的英雄，崛起于藏河（今雅鲁藏布江）中游的雅砻河谷地区。他统一了青藏高原，建立了强大的奴隶制政权，并且建立了吐蕃与唐朝的友好关系，推动了汉藏民族文化的交流与发展。

罪，并再次请求通婚。这一次，太宗终于应允把文成公主嫁给松赞干布。

| 隋纪·唐纪 上 | 唐纪 上 | 文成公主入藏 |

如愿以偿的松赞干布非常高兴，亲自带领人马到柏海（今青海玛多县境内）恭候，并下令在距黄河源头不远的扎陵湖和鄂陵湖畔修建一座柏海行馆。随后，两个民族的年轻人带着各自民族人民的美好祝愿，在这里举行了盛大的结婚庆典。

新婚宴尔的松赞干布和文成公主途经玉树（今青海境内）时，看到当地风景秀丽，气候舒适，而且吐蕃大军长时间赶路，需要休整，便决定在一条山谷里暂住一个月。在这期间，文成公主取出唐太宗御赐的粮食种子和各种菜籽，同工匠们一起教授玉树人种植作物，还教给他们磨面、酿酒的方法。当文成公主准备起程继续向西前进时，对她感激不尽的玉树人都舍不得让她离开，特地保留了她的帐篷遗址，并在石头上刻下她的容貌，年年顶礼膜拜。

文成公主抵达逻些时，受到当地人民的热烈欢迎，全城居民像庆祝节日一样唱歌跳舞。佛教在唐朝时期非常繁盛，作为一位虔诚的佛教信徒，文成公主随身带着佛塔、经卷和佛像嫁入吐蕃，当她看到藏地没有佛法时，便决定修建寺庙，弘扬佛法。著名的大昭寺就是在文成公主的授意下建成的。如今的大昭寺大殿正中依然供奉着当年由文成公主从长安请来的那尊释迦牟尼塑像，而在大殿两侧的配殿中，供奉着松赞干布和文成公主的塑像，惟妙惟肖。

后来，文成公主又下令修建了小昭寺，佛教开始在西藏地区广为流传。文成公主还把拉萨周围的山峰分别命名为"妙莲""宝伞""金刚""胜利幢""宝瓶""金鱼"等，这些名字一直沿用至今。

传播文明，汉藏一家

文成公主嫁入吐蕃以后，把唐朝的灿烂文化和先进的生产技术也同时带到了那里，跟松赞干布一道为促进吐蕃经济和文化的发展做出了巨大的贡献。那时，藏族人还没有自己的文字，依然采用结绳记事和木刻记号的古老方式来记载历史。文成公主协助松赞干布，命人专门研究文字。后来，吞弥·桑布扎造出了用三十个藏文字母进行拼音造句的文法。从此，藏族人开始有了自己的文字，使得汉文的书籍可以译成藏文传诵，推动了藏族文化的发展。

▲文成公主像
文成公主聪慧美丽，自幼受家庭熏陶，知书达礼，并信仰佛教。641年，文成公主在唐朝送亲使江夏王李道宗和吐蕃迎亲专使禄东赞的伴随下，离开长安前往吐蕃。文成公主在吐蕃生活了近四十年，一直备受尊崇。

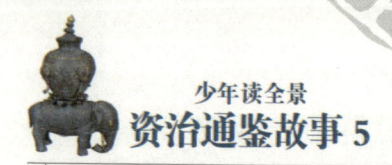

隋纪·唐纪 上　　唐纪 上　　文成公主入藏

▲（唐）阎立本《步辇图》
此图为唐代画家阎立本根据唐太宗接见前来迎娶文成公主的吐蕃使者禄东赞的事迹描绘。唐太宗在位时统治清明，受到各少数民族的拥戴，被称为"天可汗"。

在文成公主入藏以前，藏族人没有一套系统的历法，只是简单地把麦收的季节（大概是农历的三月）作为一年之初。文成公主嫁入吐蕃以后，开始实行夏历制，极大地方便了藏族历史的纪年和著录。跟随文成公主入藏的宫廷乐队也促进了藏族民间音乐的发展和藏民文化生活水平的提高。而那些随行的工匠则教会了当地藏民如何使用汉族的农业生产工具，并帮助他们掌握先进生产技术，使藏族的农业生产水平大大提高。

文成公主还亲自把从中原带去的各种农作物种子分发给当地藏民，并命人悉心传授种植技术，改进了藏民的农业结构，丰富了藏民的食物种类。此外，文成公主还带去了大量的车、马、骡子、骆驼及相关的畜牧业和医学典籍，这一切都大大推动了西藏地区的社会发展。

松赞干布特别宠爱聪明贤淑的文成公主，专门为她修建了布达拉宫。但是，这座雄伟的布达拉宫后来在雷电和战火中被毁掉了。一直到了17世纪，布达拉宫经历两次大规模的修整和增建，才有了今天的格局。这座占地面积达三十六万多平方米的宫殿外观宏伟，有十三层主楼。宫内墙壁上有很多精美的壁画，其中有展现唐太宗会见吐蕃婚使禄东赞的场景，有描绘文成公主跋山涉水、克服重重困难，最终顺利到达逻些时受到藏民热情迎接的场景。所有壁画都构思巧妙，人物栩栩如生，色调艳丽。

文成公主入藏后，中原与吐蕃之间关系非常融洽。松赞干布非常仰慕中原文化，不再穿戴毡裘皮袄，而是改穿绫罗绸缎，还派遣吐蕃的官宦子弟去长安学习。同时，唐朝也经常派遣各类工匠到吐蕃传播工艺技术，推动了吐蕃社会的进步和发展。

文成公主以大局为重，不辞辛苦，远嫁吐蕃，为促进汉藏的经济文化交流，增进两族人民的友谊做出了不可磨灭的贡献。

| 隋纪·唐纪 上 | 唐纪 上 | 名臣魏征 |

唐纪 上
名臣魏征

魏征，字玄成，是唐代著名的政治家和思想家。他历经战乱，仕途曲折，有治国安邦的才能，他对各种社会现象具有非凡的洞察力，为人爽快，直言敢谏，从不轻易屈服，因此深得唐太宗的赏识。魏征辅政多年，频频为唐太宗出谋划策，为贞观年间盛世局面的开创做出了重大贡献，因此被历代史学家称赞为"唐代第一直臣"。

力投明主，终辅太宗

魏征是河北巨鹿人，他的父亲魏长贤是北齐时期的屯留令，在魏征年少的时候就去世了，从此家庭衰败，他的生活变得十分贫苦。从小就喜爱读书的魏征并没有因此而自暴自弃，他依然坚持学习，用功念书，并开始对纵横学说产生了浓厚的兴趣。

到了隋朝末期，社会局势动荡不安，农民起义频发。武阳郡丞元宝藏响应李密，也举起了反隋大旗。在这期间，魏征被元宝藏招为典书记，也加入了反隋的行列。

617年秋天，李密赐封元宝藏爵位。元宝藏让魏征代写书信。李密看过后，十分欣赏魏征的文采，便请他去做元帅府文学参军，负责掌管记室。此后，魏征开始在李密手下做事。

李密率领的瓦岗军溃败以后，魏征跟随李密向唐朝投诚，但他并没有得到赏识。第二年，魏征主动要求去安抚山东地区，获得恩准后，他立刻飞马奔赴黎阳，劝说李密旧将徐世勣归顺唐朝。但没过多久，窦建德带兵攻陷了黎阳，魏征被生擒。

直至621年，窦建德失利以后，魏征才得以返回长安，成为太子李建成的东宫幕僚。后来，魏征见太子李建成与秦王李世民之间积怨日深，便屡次劝说李建成先下手为强，早日铲除李世民，以绝后患。但李建成却举棋不定，始终没能下定决心。

626年夏天，秦王李世民先发制人，策划了著名的玄武门之变，当场诛杀了太子李建成和齐王李元吉。魏征被擒获以后，秦王责问道："你为什么一定要让我们手足相残呢？"魏征直率地回答："如果当初太子肯听我的劝告，也不至于有今天的杀身之祸了。"李世民非常赏识魏征的耿直，不但没有降罪于他，反而封他为谏官，并时常将他召进内室，一同研讨政事。

▶魏征像
魏征（580~643），字玄成，巨鹿（今属河北）人，父母早丧，家境贫寒，但喜爱读书，不理家业，曾出家当过道士。隋大业末年，魏征被隋武阳郡（今河北大名东北）丞元宝藏任为书记。元宝藏举郡归降李密后，他又被李密任为元帅府文学参军，专掌文书卷宗。

犯颜直谏，名传千秋

魏征经历多次战乱，拥有十分丰富的阅历，具备安邦定国的才能。魏征对社会现象具有非凡的洞察力，而且为人爽快刚直，从不肯轻易屈服，因此深得唐太宗的赏识。魏征很高兴遇到了知己明君，因此也竭尽所能辅佐唐太宗。他从不隐藏自己的想法，对当朝政事侃侃而谈，屡屡上谏。唐太宗曾经夸赞他说："你所提的建议，前后加起来有两百多件，如果不是你忠心为国，怎么能达到这种程度呢？"

627年，太宗提拔魏征为尚书左丞。这个时候，有人向太宗告状说魏征暗地里培植自己的亲属做官，太宗立刻命御史大夫温彦博查证这件事，最后证明此事纯属诬陷。于是，太宗差人对魏征说："以后要尽量避免嫌疑，不要再惹祸上身了。"魏征立刻回奏说："我曾听说君臣之间要互相帮助，义同一体。如果为了躲避嫌疑而不再秉公行事，那么国家未来的兴衰，就不好说了。"而且，魏征请求太宗允许自己成为良臣而不是忠臣。太宗问魏征忠臣和良臣有什么不同，魏征回答道："能让自己获得赞誉、让君主成为明君、让子孙世代相承并安享福禄的人，是良臣；而让自己招致屠杀、让君主变成暴君、让家国同丧而自己空留美名的人是忠臣。照这样看来，二者区别是很大的。"太宗点头赞赏。

629年，魏征被太宗封为郑国公。魏征向来以忠言直谏闻名，当时的宰相王珪曾在太宗面前夸赞魏征说："每以谏诤为心，耻君不及尧、舜，臣不如魏征。"根据《贞观政要》记载，魏征一生向太宗当面陈谏达五十次，上疏奏章达十一件，谏言多达十余万字。他上谏频繁，言辞恳切激烈，态度坚定不移，是其他朝臣无法比拟的。

魏征敢于犯颜死谏，就算是触怒太宗，也依然据理力争，决不妥协。因此，有时候太宗也会对魏征敬畏几分。一次，有人献给太宗一只珍贵的

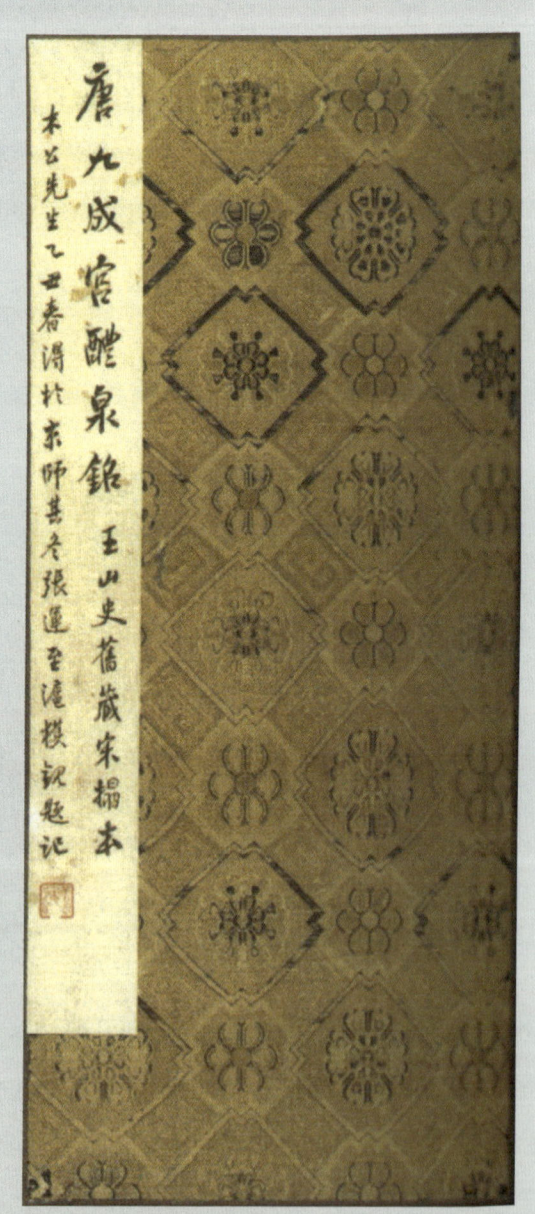

▲（唐）九成宫醴泉铭（宋拓）
唐贞观六年（632）刻。碑在陕西麟游县西五里天台山。楷书，二十四行，行四十九字，额篆书二行六字。拓本一册，后有嘉庆吴荣光、姚鼐、钱大昕等题记。钤"琴山审定""吴荣光印"等章。碑文魏征撰，欧阳询书，内容多为规诫唐太宗之辞。

少年读全景 资治通鉴故事 5

▶ 隋纪·唐纪 上　　▶ 唐纪 上　　▶ 名臣魏征

◀（唐）羽人瓦当
直径十三厘米，出土于青海省民和县。陶质，周边饰联珠纹，中心浮雕是有翼的羽人。羽人上身赤裸，发髻高耸，浓眉大眼，面相丰腴，双手合十于胸前。背上的双翼，为汉代以来道教遗物中所常见。

鹞鹰，正当太宗很高兴地把鹞鹰放在自己的臂膀上把玩时，看见远处魏征正向自己走过来，便连忙把鹞鹰藏在怀里，而魏征却早已看见，于是他故意在禀奏朝事时拖延时间，最后，那只鹞鹰被活活地闷死在唐太宗的怀里。

638年，魏征发现太宗开始荒于朝政，追求享乐，便立刻进奏了著名的《十渐不克终疏》，详细列出太宗从即位到现在，在对待朝政态度上的十个转变。同时还向太宗提出了"十思"，即"见可欲则思知足以自戒，将有作则思知止以安人，念高危则思谦冲而自牧，惧满溢则思江海下百川，乐盘游则思三驱以为度，忧懈怠则思慎始而敬终，虑壅蔽则思虚心以纳下，想谗邪则思正身以黜恶，恩所加则思无因喜以谬赏，罚所及则思无因怒而滥刑"。太宗看奏章后非常羞愧。

642年，魏征一病不起。由于他一生清廉节俭，家中没有正寝，太宗知道后立刻命人给魏征修建住所。次年正月，魏征在家中去世。太宗前去奔丧，并大哭不止，说从此以后自己少了一面"人镜"。

作为唐朝著名的政治家，魏征刚直不屈、胆识过人，以敢于直谏闻名，他忠心辅佐太宗整治朝纲，促成了贞观之治。太宗之所以成为一代明君，得益于有魏征犯颜死谏；魏征之所以有忠贤之名，得益于太宗从谏如流。史学家也曾赞扬魏征"身行端正，上不辜负君主，下不玩弄权柄，中不举荐亲族，外不谋私朋党，不轻易退却，不因职卖忠"。这并非只是对魏征的赞美之辞，更是对他品质的褒扬和肯定，他的名字将永载史册。

▼（唐）九成宫醴泉铭内文
此为欧阳询所书，字迹清秀却又不失刚健之气，格局严整有序，堪称欧阳询之代表作。

唐纪 上
开国名臣刘文静

刘文静，字肇仁，京兆郡武功县人，是李渊父子兴兵反隋的主要拥戴者，曾与李世民一起谋划了晋阳兵变。刘文静随同李渊、李世民南征北战，运筹帷幄，屡建战功，成为大唐的开国元勋。可是他最终却因为争名夺利，被政敌抓住把柄，落了个被李渊屈杀的下场。

韬略出众，首义功臣

隋朝末年，政局动荡。唐国公李渊的次子李世民雄心勃勃，广招贤良。时任晋阳令的刘文静是个颇有远见卓识的豪杰，平日跟晋阳宫监裴寂交情很好。裴寂曾感慨地说："我们已经贫贱到了这个地步，偏偏又遇上了多事之秋，该怎样保全自己呢？"刘文静笑着说道："天下的局势是可以预料到的，只要你我二人彼此投合，哪里还用得着忧虑贫贱呢？"后来，已经预感到天下即将易主的刘文静见过李世民以后，又对裴寂说："李世民绝非等闲之辈，他性格豪爽，仪态威严，虽然年纪不大，但将来一定是有帝王福运的人。"

后来，因为与起义的李密沾亲，受连累的刘文静被隋炀帝投入大牢。此时，李世民觉得刘文静谋略过人，可以共商大计，便亲自前往大牢探视，并借机向刘文静请教夺得天下的策略。

刘文静在大牢里与李世民进行了一次长谈。他分析了天下局势，极力支持李氏父子拥兵起义，而且还在狱中大致确定了李氏父子夺取政权的大计。后来，刘文静出狱后主动帮助李氏父子制订起义的详细计划，成为李氏父子反隋过程中主要的组织者和执行者。

李渊在晋阳公开反隋后，开设大将军府，封刘文静为军司马。刘文静建议李渊改换军旗，以示义举。然后，他根据天下局势，建议李渊暂时联合突厥以增强自己的实力。李氏父子采纳了他的建议。

于是，刘文静奉命前往突厥拜见始毕可汗。他不辱使命，说服始毕可汗派出两千骑兵和一千匹战马支持李氏父子起义。

后来，刘文静因在击溃隋朝大将屈突通的战役中立下奇功，升任大丞相府司马、光禄大夫，并被加封为鲁国公。

▶（唐）彩绘天王俑
整俑高六十三厘米，出土于陕西西安郊区唐墓。天王右手紧握拳头，高高举起，左手叉腰，脚踩一怪兽。怪兽为人身兽首，眼睛圆睁，嘴巴歪斜，似在告饶。此俑显然是吸收了佛教文化的产物。天王面目狰狞，形体高大，加重了陵墓不可侵犯的气氛。

陷于名利，引火烧身

618年，李渊登基称帝，是为唐高祖。刘文静被封为纳言。没过多久，薛举出兵侵犯泾州，唐高祖封秦王李世民为元帅，命他前去讨伐。大战在即，李世民却身感不适，只得委派元帅府长史刘文静与司马殷开山共同带兵出战，并告诫道："薛举孤军深入，粮草不足，难以持久，你们千万不要和他交战。等我病好了，再出兵不迟。"

两军对垒，刘文静不顾李世民的劝诫，执意听从殷开山的计策，致使唐军伤亡无数，大败而归。唐高祖对这次战事的失利十分不满，严厉处置了相关责任人，将刘文静削职除名。不久后，刘文静再次被起用，随李世民征讨，因功恢复爵位，被封民部尚书，领陕东道行台左仆射。619年，随李世民镇守长春宫。

刘文静常常认为裴寂的才华无法跟自己相提并论，只是因为裴寂跟高祖有些交情才位列自己之上，心里十分不服气。所以每次商议政事时，刘文静都成心跟裴寂过不去，于是二人之间产生了嫌隙。

有一次，刘文静与弟弟刘文起喝酒，醉酒后开始抱怨，还一边拔出佩刀砍击立柱，一边咬牙切齿地说："我一定要杀掉裴寂！"恰巧家中几次发生妖祟之事，刘文起便召来巫师，在夜间披发衔刀，作法驱妖。这个场面恰巧被刘文静的一个失宠姬妾看到了，她悄悄把这件事告诉了自己的哥哥，这个哥哥便诬告刘文静谋反。高祖把刘文静交给属下，并派裴寂和萧瑀共同审问。

面对审问，刘文静说："刚刚起义时，我是司马，差不多与长史裴寂地位相当。可现在裴寂已经官居仆射，得到无数赏赐。而我的官爵和赏赐却跟其他人没什么不同，却还要南征北战，我的家人无所依托，我心中的确有些不满。"唐高祖听了这番话以后，对群臣说："刘文静说这些话，足见他有谋反之意。"审查过后，李纲、萧瑀都觉得刘文静无心谋反。李世民也觉得刘、裴二人此时地位和待遇相差甚远，刘文静只是有些不满情绪罢了，并不是真心想要谋反，因此极力想保全刘文静。但是，唐高祖已对刘文静心生疑窦，再加上裴寂落井下石地挑拨道："刘文静虽然才能出众，谋略过人，但生性太过阴险狡诈，而且嫉妒贤能，现在竟敢放出这种言论。此时天下未平，又有强敌虎视眈眈，倘若赦免他，必将招致祸患。"唐高祖听信了裴寂的话，不顾百官劝阻，执意处死了五十二岁的刘文静。

一代开国元勋最后落了个"鸟尽弓藏，兔死狗烹"的下场，着实令人遗憾。十年以后，唐太宗李世民为开国元勋刘文静平反，并恢复了他的官职和鲁国公的爵位。

▼（唐）侍女俑
该女俑头梳高髻，体形丰腴，神态生动，为唐侍女俑的典型形象。

| 隋纪·唐纪 上 | 唐纪 上 | 开国名臣刘文静 |

▲（唐）三彩炉

侈口，束颈，圆肩，鼓腹，平底，接五兽形足，足踏环形托。通体施黄、白、绿三釉，炉底及托盘底未施釉。造型古朴敦厚，色彩鲜丽，做工精细。

隋纪·唐纪 上　　　唐纪 上　　　佐命元勋长孙无忌

唐纪 上
佐命元勋长孙无忌

长孙无忌，字辅机，是唐朝初期著名的政治家，历仕唐高祖、唐太宗和唐高宗三朝，担任宰相三十余年。长孙无忌是长孙皇后的哥哥，尽管贵为皇亲国戚，却丝毫没有骄矜之色，始终兢兢业业地效忠于朝廷。后世史家曾评价道："无忌戚里右族，英冠人杰，定立储闱，力安社稷，勋庸茂著，始终不渝。"

才略通达，秦王心腹

长孙家族原是北魏皇族拓跋氏，后来因为为北魏立过功勋，被赐姓"长孙"。长孙家是名门望族，长孙无忌自幼就勤奋好学，博通文史。他和妹妹长孙氏少年丧父，被舅舅高士廉抚养长大。高士廉喜文不喜武，是当时非常有名望的博学之士，十分善于识人。李渊父子发动兵变之前，颇有远见的高士廉就看出李世民不是等闲之辈，于是做主把长孙无忌的妹妹嫁给了李世民。后来李世民继承大统，长孙氏顺理成章地被册封为皇后。

长孙无忌与李世民的年纪相仿，两人从小就私交甚密，联姻以后，关系更亲密了。

在李渊父子兴兵反隋、建立唐朝及后来统一天下的过程中，长孙无忌虽然一直跟随在李世民的左右，却并没有多少战功。直到后来玄武门事变，长孙无忌的政治才华才第一次显露出来。李世民为争夺皇位继承权，策划了玄武门之变，长孙无忌在这一过程中立下了汗马功劳。在策划政变时，长孙无忌大力支持，积极出谋划策；在筹备政变时，长孙无忌不辞辛苦，努力打通各方关系；在发动政变时，长孙无忌不顾安危，亲自在玄武门内掌控局势。因此，唐太宗对长孙无忌的功劳牢记于心，甚至在临终前还不忘对身边的臣子们说："我能夺取天下，大部分是长孙无忌的功劳。"

佐命元勋，受命托孤

玄武门事变以后，李世民如愿以偿地成为皇太子。一当上皇太子，李世民便立刻提升长孙无忌为太子左庶子。没过多久，李世民顺利登基，提拔长孙无

◀（唐）银质鎏金象瓶尊

此银象制品，取意吉手有象，象耳錾刻缠枝花卉，上方背负一只四象首宝珠瓶，保存完好，具备唐时金银器的典型特征，是一件非常难得的银器制品。

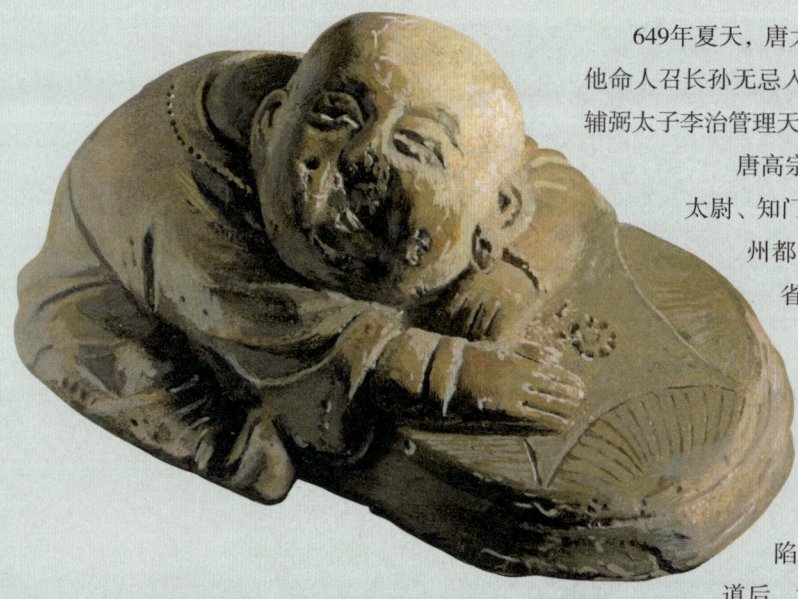

少年读全景
资治通鉴故事 5

▶▶ 隋纪·唐纪 上　　▶▶ 唐纪 上　　▶▶ 佐命元勋长孙无忌

649年夏天，唐太宗重病不起。在弥留之际，他命人召长孙无忌入含风殿叙话，嘱咐长孙无忌辅弼太子李治管理天下。

唐高宗登基以后，晋升长孙无忌为太尉、知门下及尚书两省事务，兼任扬州都督。长孙无忌请求免去尚书省的职位，高宗恩准了，但仍为其保留三品官位。长孙无忌不但是皇上的舅父，同时又身为顾命大臣，位居百官之上，深得唐高宗的宠信。曾有洛阳人李弘泰诬陷长孙无忌图谋不轨，高宗知道后，立刻下令处死造谣生事的主谋。长孙无忌忠心耿耿，全力辅弼朝政，赢得了唐高宗的敬重。在唐高宗执政的永徽年间，百姓安居乐业，颇似贞观年间景象。

651年，长孙无忌奉命监修国史。唐高宗下令大开献书路径，希望以此能够发掘更多的人才，收为己用。他在处理国家大事时非常重视长孙无忌等人的建议，唯独在册封武则天为后的事情上一意孤行，致使君臣关系日渐恶化。这件事最终为长孙无忌晚年的境遇埋下了祸根。

▲ （唐）小孩卧鼓俑
小孩双脚紧贴鼓边，坐弯腰爬鼓。鼓是花皮鼓，蒙皮接口处有一圈钉饰。卧像塑造手法精细，人物表情自然。制作用手捏、堆泥和雕刻的手法，将小孩的稚气表现得尤为精细真实。从中可以看到唐代社会、家庭和人的精神风貌。

忌为左武侯大将军，后来又升任他为吏部尚书，赐封齐国公，封邑一千三百户。有一次，唐太宗带领文武百官去长安南郊祭祀。在回宫路上，唐太宗特别准许长孙无忌与司空裴寂二人升用金辂以示恩宠。

631年，唐太宗为嘉奖长孙无忌、房玄龄、杜如晦和尉迟敬德的功绩，分别将他们每个人的一个儿子封为郡公。633年，唐太宗册封长孙无忌为司空，长孙无忌婉言谢绝，但太宗执意不从，还特地赐给长孙无忌一篇《威凤赋》，以追忆当初创业之难和长孙无忌的辅佐之功。

▶ （唐）蹙金绣罗地拜垫
这件坐垫1981年出土于陕西扶风县城法门寺的地宫中，是唐代遗物。坐垫用于跪拜时垫膝，所用原料为绛色罗地蹙金绣面，四边设缘，中部捻金线满填钉绣，正面莲花，花蕊处有珠饰，四角有"卍"字图案。其针法精细纤巧，风格华美凝重。

隋纪·唐纪 上　　　唐纪 上　　　佐命元勋长孙无忌

无辜获罪，忠臣受戮

唐太宗在世的时候，太子李治就被时为才人的武则天的美貌迷住了。

649年，太宗驾崩，武则天和其他不少后宫嫔妃都被送到长安感业寺削发为尼。652年，唐高宗李治把武则天接回宫内，封为昭仪。再次入宫的武则天深得唐高宗宠幸，而王皇后、萧淑妃等后宫佳丽则全部失宠。

后来，唐高宗打算册封武则天为后，遭到长孙无忌、褚遂良等一班老臣的强烈反对。武则天授意生母杨氏去长孙无忌府上拉拢关系，礼部尚书许敬宗也屡次去府上劝说，均遭到长孙无忌的严词拒绝。

虽然长孙无忌和褚遂良等人坚决反对，但唐高宗在李勣、许敬宗等人的支持下，还是执意废掉了王皇后，改立武则天为后。经历了这场政治斗争以后，支持武则天的许敬宗、李义府等人纷纷得到提拔重用，而反对武则天的褚遂良、韩瑗等人则先后降职离京。国舅长孙无忌虽然因其皇亲国戚的身份免遭贬黜，但他在朝中的势力也日渐衰微了。

这时，心怀怨恨的武皇后开始了对长孙无忌的打击报复。659年春天，洛阳人李奉节揭发太子洗马韦季方和监察御史李巢私结朋党，唐高宗命许敬宗负责详查此事。由于许敬宗严刑审讯，承受不住压力的韦季方选择自杀，但是没有成功。许敬宗便借机诬陷韦季方与长孙无忌图谋戕害皇族，寻机篡权，如今事情败露，韦季方才畏罪自杀。

最开始，高宗并不相信许敬宗的话，责令重新审查。但是第二天，许敬宗却谎称韦季方昨夜已经对联合长孙无忌密谋造反的事情供认不讳，甚至还捏造了证据并极力说服唐高宗拘捕长孙无忌。唐高宗看到事已至此，大为失望。痛心之余，他没有亲审长孙无忌，仅凭许敬宗的一面之词就下令罢黜了长孙无忌的所有官爵职位，并将他流放至黔州。

659年夏天，唐高宗再次下令司空李勣、中书令许敬宗等五位重臣重新审查长孙无忌的案件。于是，许敬宗派大理正袁公瑜去黔州搜取长孙无忌叛逆的罪证。袁公瑜刚抵达黔州，便胁迫长孙无忌自缢而亡，然后抄获了他的全部家财。三朝忠臣就这样含冤惨死。

▼《唐律疏议》
法律典籍。长孙无忌主持修撰，佚名释文。此为元至顺三年（1332）建安余氏勤有堂刻本。卷前有《进律表疏》印记。此书元刻本流传稀少，大多残缺，此本除序及首页是抄配外，其他都完整无缺。

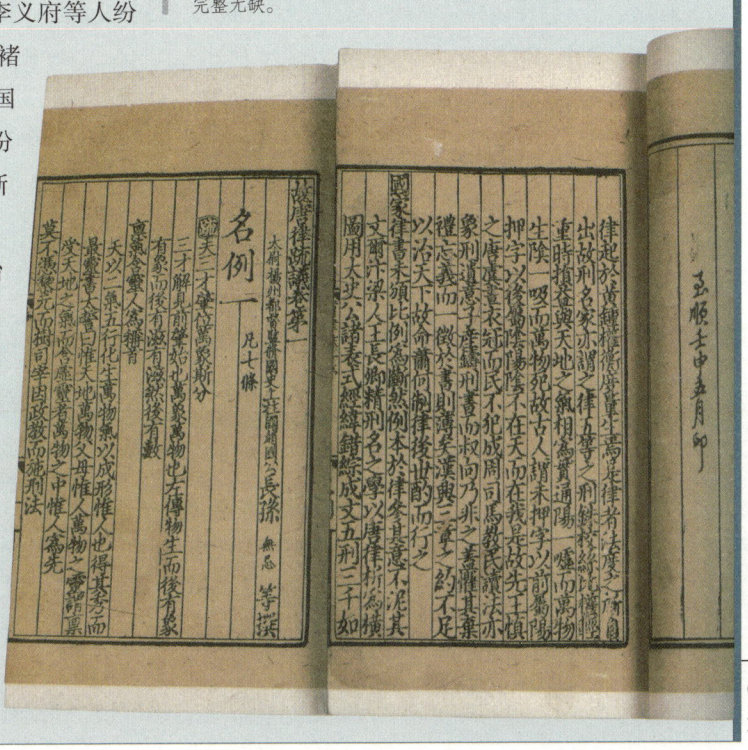

贞观诤臣褚遂良

唐纪 上

褚遂良，字登善，祖籍河南阳翟（今河南禹州），祖上于晋末南迁至杭州。褚遂良是贞观年间有名的谏臣，唐太宗曾说："褚遂良耿直，有学术，竭尽所能忠诚于朕，若飞鸟依人，自加怜爱。"此外，褚遂良擅长书法，造诣颇高，是初唐四大书法家之一。

博学多才，大唐诤臣

褚遂良出身名门，他的父亲褚亮曾经在陈、隋、唐三朝为官，也是秦王李世民文学馆"十八学士"之一。隋朝末年，褚亮被贬到凉州西海郡任司户。薛举自立为帝称霸凉州时，褚亮被封为黄门侍郎。后来，唐朝平定凉州，褚亮被请进秦王府任学士。到了唐太宗时期，褚亮已经官居通直散骑常侍。

隋朝末年，褚遂良被薛举授予通事舍人之衔。后来，褚遂良跟随父亲归顺唐朝，被授予秦王府铠曹参军一职，负责管理兵器和铠甲。636年，褚遂良被提拔为起居郎。

褚遂良熟读古今史籍，喜爱书法，尤其擅长隶书和楷书。虞世南故去以后，唐太宗经常叹气说："虞世南不在了，没有人能同我研讨书法了！"于是魏征把擅长书法的褚遂良举荐给唐太宗。唐太宗见褚遂良的书法造诣颇高，非常高兴，立刻任命他为侍书。唐太宗非常喜欢王羲之的字，便下诏四处收集王羲之的墨宝。但是，各地陆续进献上来的字帖难辨真伪，唐太宗便让褚遂良逐一甄别。褚遂良拿到字帖后，仔细遴选，一一指出真品和赝品，并且理由充分可信，令人十分钦佩。经过其他人的再三考证，确认褚遂良的鉴定准确无误。唐太宗从此更加信任褚遂良了。后来，唐太宗跟褚遂良的讨论内容逐渐从书法转变到政治上来。敢于直言上谏的褚遂良深受唐太宗和唐高宗两代帝王的宠信。唐太宗曾经说："我自从得到魏征以后，每天都听取谏言。魏征病逝以后，幸亏又有刘洎、岑文本、马周、褚遂良不断进谏。"

641年，太宗想效仿古人祭拜天地，便决定去泰山举行封禅大典，众臣子跟随唐太宗从长安出发。途经洛阳时，天空恰巧出现彗星奇观。一向认为封禅大典浪费人力物力的褚遂良趁机劝诫道："皇上扭转乾坤，功劳盖世。然而刚打算祭拜泰山，就有彗星出现，这是上天的旨意啊。"于是，太宗听取了他的意见，立刻下令中止封禅。

◀唐太尉房文昭公碑题跋
此题跋为褚遂良所书，书法遒劲中现出婉约曼动之姿。

隋纪·唐纪 上　　唐纪 上　　贞观诤臣褚遂良

贞观后期，太宗雄心勃勃，想要扩充疆土，便打算派兵讨伐高句丽，收服辽东。褚遂良上谏说："一旦首战失利，必定会兴兵再伐；再兴兵，势必为忿兵。忿兵作战，其胜负不可预料。"唐太宗闻言，当场表示接受意见。但是后来唐太宗还是经受不住李勣的再三撺掇，又开始计划东征事宜，褚遂良知道以后便再次进谏阻拦。尽管太宗最后仍然没有采纳褚遂良的谏言，但他还是褒奖了褚遂良的死谏精神。后来，唐太宗提拔褚遂良为黄门侍郎，负责掌管机要，并参议政事。

力佐高宗，反立武后

649年，唐太宗在病重期间召见褚遂良和长孙无忌，封他们二人为顾命大臣，并嘱托他们说："当年汉武帝托付霍光，刘备托付诸葛亮，如今我委托你们二人。太子仁慈孝顺，希望你们能竭力辅弼他治理天下。"然后太宗又安抚太子李治说："有他们二人在，你无须担忧。"随后，便让褚遂良拟写了遗诏。

唐高宗李治登基以后，封褚遂良为河南县公。次年，又晋升他为河南郡公。后来，褚遂良受祸事连累，被贬出京，担任同州刺史。三年后，褚遂良被调任回朝，任吏部尚书，官居三品，负责监修国史，还兼职太子宾客。没过多久，褚遂良又升迁为尚书右仆射，执掌朝政大权。

655年，唐高宗打算废掉王皇后，改立武昭仪为后，便宣长孙无忌、李勣、于志宁和褚遂良进宫见驾。褚遂良进谏道："王皇后系出名门，因此才能侍奉皇上。先帝临终前，曾拉着皇上的手嘱咐我：'我现在把太子和太子妃都托付给你了！'先帝的遗言至今仍在耳边回旋，我怎么能够忘记呢？况且王皇后并没有什么过错，万万不能废后。"唐高宗听了非常生气。第二天再次商议

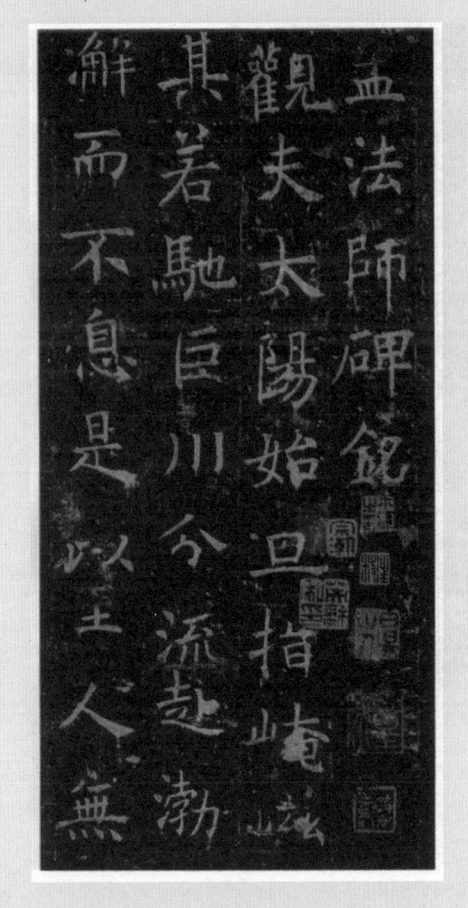

▲（唐）褚遂良《孟法师碑》帖（局部）
全称《京师至德观主孟法师碑》。册共二十面，每面四行，满行九字，凡七百六十九字，有明代王世贞、王世懋、清代王澍、王文治、李宗瀚等人跋记。此碑书法质朴，与《雁塔圣教》之空明飞动不类，运笔多隶法，与《伊阙佛龛》相近，为褚氏早年之作。

此事时，褚遂良干脆直截了当地说："如果皇上非要重立皇后，请另外物色名门闺秀。武昭仪曾经服侍过先帝，现在皇上立她为后，世人会怎样评论啊？"唐高宗一时语塞。于是，褚遂良把上朝用的朝笏放在大殿台阶上，叩头不止，直到血流满面，嘴里说道："请皇上收回朝笏，准许我回归田里吧。"唐高宗恼羞成怒，喝令侍卫把褚遂良架出殿外。此时，躲在金殿后面帷帐中的武昭仪也厉声大喊："为什么不将他直接杀掉？"长孙无忌见

隋纪·唐纪 上　　　唐纪 上　　　贞观诤臣褚遂良

◀（唐）褚遂良《伊阙佛龛碑》拓片（局部）
《伊阙佛龛碑》是贞观十五年（641）秋褚遂良45岁时所书，碑文为岑文本所撰。此碑为摩崖刻石。其结体雄浑秀逸兼而有之，笔力挺劲，端庄奇伟，气韵广严博大，与其晚年书法之变化多端、婵娟婀娜迥异其趣。

世，只可惜略欠自然。"虽然褚遂良临摹的字有不足，但从李嗣真的评价中也不难看出褚书在当时是多么受人欢迎。唐朝的张彦远觉得褚遂良的行书和草书在欧阳询和虞世南之下，唯独正书居二人之上。褚遂良的字刚柔并济，笔力圆润。人们把他跟欧阳询、虞世南、薛稷并称为"初唐四大家"。

褚遂良习字时，最开始仿效虞世南的风格，到了暮年则临摹钟繇和王羲之的墨宝，并融合汉隶的笔法，下笔自然流畅，千变万化，自成一派。其中最能体现出他个人风格的作品就是他所写的《雁塔圣教序》。在《雁塔圣教序》中，他把欧阳询和虞世南的笔法融会贯通，取其自然神韵。整幅碑刻的韵味颇似出自王羲之笔下，但细看运笔结字，起转承接，却处处显示出褚遂良的风格。

状，连忙启奏道："褚遂良身为顾命大臣，不宜动刑。"而李勣却提出不同的看法，认定废立皇后是皇帝家事，臣子不宜干涉。最终，唐高宗还是将武昭仪册封为皇后，把褚遂良降职为潭州都督。657年，褚遂良改任桂州都督。不久，唐高宗再次将他贬到爱州。褚遂良上疏请求调回中原，唐高宗却并没有理会。658年，六十三岁的褚遂良在爱州辞世。第二年，许敬宗、李义府诽谤褚遂良怂恿长孙无忌谋反，高宗遂下令削去褚遂良的爵位。直到唐中宗即位，才下令恢复他的官爵。

书法传神，自成一家

褚遂良不但在政治上有所作为，在书法上更有造诣，历代书法评论家都对他给出了很高的评价。唐朝的李嗣真在《书后品》中评道："褚遂良是摹写王羲之墨迹的高手，他临摹的字帖盛行于当

▲（唐）褚遂良《雁塔圣教序》拓片（局部）
《雁塔圣教序》因矗立于西安大雁塔而得名，分两块碑石，即《大唐三藏圣教序》和《大唐皇帝述三藏圣教记》。《雁塔圣教序》书于高宗永徽四年，当时褚遂良登上政治生涯的顶峰，在书法造诣上也达到了成熟的巅峰。

▶▶ 隋纪·唐纪 上　　▶▶ 唐纪 上　　▶▶ 贞观良相房玄龄

唐纪 上
贞观良相房玄龄

房玄龄，字乔松，齐州临淄人，唐代著名的政治家，追随、辅佐唐太宗三十余年，一直恪尽职守，忠心为国，是开创贞观之治的大功臣。李世民称赞他有"筹谋帷幄，定社稷之功"。唐人柳芳也曾叹道："房玄龄佐太宗定天下，及终相位，凡三十二年，天下号为贤相。"后世史学家在评论唐代宰相时，无不首推房玄龄。

博古通今，辅佐秦王

房玄龄出身于书香门第，其曾祖父和祖父分别在北魏、北齐担任官职，父亲房彦谦是著名学者，结交了王邵、李纲、柳或等一批文人雅士。房彦谦在地方上任职时，清正廉洁，体恤百姓，被当地百姓亲切地称为"慈父"。

房玄龄从小聪明伶俐，喜欢读书，擅长写作。596年，刚刚十八岁的房玄龄被本州官府举荐为进士，被授予羽骑尉一职，在秘书省任校雠。当时吏部侍郎高孝基以善于发掘人才著称，他见房玄龄的言行举止超凡脱俗，便对裴矩说此人将来必成大器。

后来，房玄龄补任隰城（今山西汾阳）尉。由于隰城靠近太原，房玄龄被牵扯进汉王杨谅逆反的事情，遭到降职。降职后他被调任到了上郡（今陕西富平）。

隋朝末年局势动荡，中原地区农民起义频发，杨氏政权苟延残喘。处在这样的大环境下，房玄龄立志救国救民。617年，李渊带兵进攻长安，秦王李世民在渭北兴兵。房玄龄审时度势，决定投奔秦王门下。李世民初见房玄龄时就有一种相见恨晚的感觉，立刻晋封房玄龄为渭北行军记室参军。李世民非常欣赏房玄龄的忠心和能力，把他视为亲信。房玄龄也清楚，李世民是一个难得的与自己意气相投的主公，于是一心跟随他南征北战，倾尽全力辅佐他。

房玄龄特别注重招纳人才，每次攻入敌军城池，其他人都直奔金银财宝，只有房玄龄先访名士，然后把他们请到自己的府中，只要发现谋略胆识过人的有识之士，便与其结交，并慢慢说服他们为李世民效力。打败王世充以后，房玄龄发现张亮气度不凡，谋略出众，便把他引荐给李世民，李世民遂封张亮为秦王府车骑将军。此

◀房玄龄像
房玄龄（579~648），唐初名相。贞观年间，房玄龄辅佐唐太宗李世民选贤任能，审定法律，治理天下，深得唐太宗赏识。

少年读全景 资治通鉴故事 5

> 隋纪·唐纪 上　　唐纪 上　　贞观良相房玄龄

外,房玄龄还先后为李世民招揽了才思机敏的薛收、可倚大事的李大亮、学识渊博的杜如晦等,这些人后来都得到李世民的器重,官至卿相。一时间,良将贤臣齐聚秦王府,秦王李世民的实力更加壮大了。李世民曾经非常感激地说:"汉光武得到一个邓禹,从此就门庭兴旺。如今我得到房玄龄,就如同得到邓禹一样。"

621年,因李世民战功显赫,唐高祖李渊把从关东前线凯旋的李世民封为天策上将,位居所有诸侯之上,还特别准许他设置天策府广招豪杰,共同研讨军事谋略。此外,李世民又下令设置文学馆,广纳天下奇才,房玄龄、杜如晦等十八人被请到馆中畅谈学术时政,号称"十八学士"。李世民还请来著名画家阎立本亲自为这十八学士画像,并由文学家褚亮撰写赞文。李世民对这些学士十分器重,因此民间有"十八学士登瀛洲"的说法。此时,秦王府内谋士贤臣、骁勇战将济济一堂,这与房玄龄的功劳密不可分。

房玄龄效力秦王府的近十年中,先是被授予秦王府记室,封临淄侯;然后又兼任陕东道大行台考功郎中;文学馆开设以后,他又被加授为文学馆学士。房玄龄常典管记,每有军书奏报,他都有条有理地仔细记录,一气呵成,连初稿都不用写。

房玄龄的才能也时常受到唐高祖的

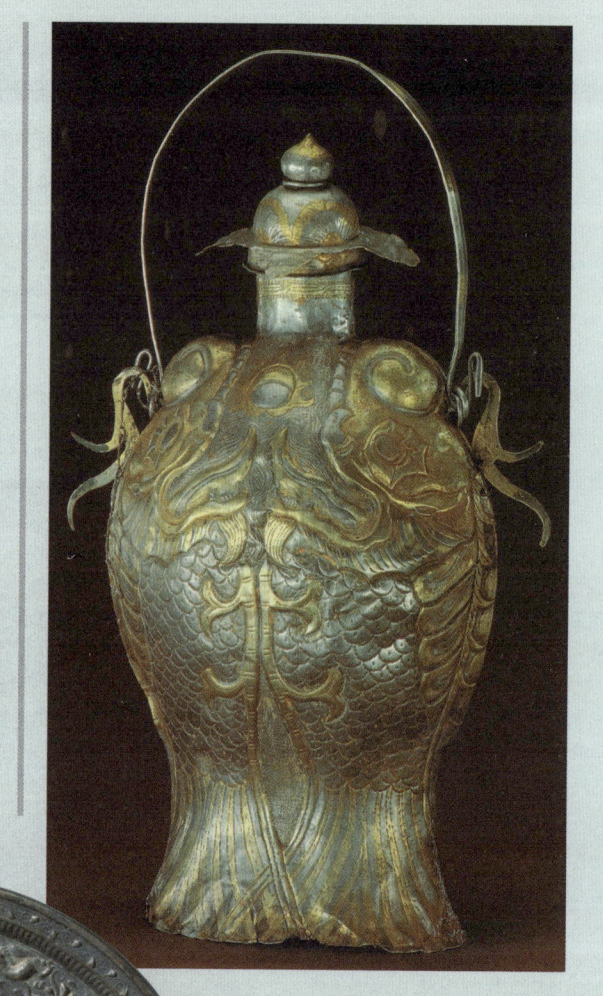

▲（唐）双鱼纹提梁银壶
出土于赤峰市喀喇沁旗。壶身做两鱼相抱状,鱼嘴部位是壶口,原为实用器,造型奇特,工艺精湛,是不可多得的艺术品。此壶亦可称羯壶,造型渗入了印度文化的因素。

◀（唐）天马铜镜
圆形。正面平整光滑,背面中心有一半圆形钮,装饰有高浮雕天马和动物图案以及花卉纹和乳钉纹带。镜的直径超过二十厘米,由此可以推断是文献所记载的宝镜。

隋纪·唐纪 上　　　唐纪 上　　　贞观良相房玄龄

夸赞。高祖执政后期，太子李建成跟秦王李世民为夺取皇位继承权，矛盾开始激化，从之前的暗地较量转变成了公开争夺，双方到了水火不容的境地。洞察力极强的房玄龄大力支持李世民用武力解决问题，并建议李世民先下手为强。626年夏天，秦王李世民果断采取行动，发动了玄武门之变，一鼓作气，歼灭了太子李建成和齐王李元吉。

贞观名相，制定政令

李世民登基以后，房玄龄和杜如晦的功勋不分伯仲。629年，杜如晦升任尚书右仆射，房玄龄升任尚书左仆射，二人齐心合力，分工协作，共同辅佐朝政。很多朝廷大事都是由二人共同商定然后上报太宗的。每次唐太宗跟房玄龄谋划政事的时候，房玄龄都会说："这件事只有杜如晦才能决断。"待到杜如晦来了以后，房玄龄策划，杜如晦裁度，国家要事从来都没有耽误过。

遗憾的是，贞观四年（630），杜如晦就病逝了。太宗非常悲痛，连续三天不上朝，以示追忆和哀悼。

房玄龄非常擅长制定典制法度。唐朝初立，天下刚刚稳定，朝规政令十分不完善。唐太宗登基以后，便下令房玄龄和长孙无忌共同修订律法。于是，房玄龄在修订律法上下了一番工夫，在审定法令的时候，基本上以宽容平等为原则。

房玄龄荣升统管行政的第一宰相后，在朝理政长达二十余年。其间，房玄龄数次萌生退意，但都被太宗挽留下来。642年，房玄龄想卸任归田，太宗说："我不能放你走，一个国家突然失去忠良的宰相，就像一个人突然失去双手。如果你还有一些精力，就不要这样离开。等到确实感觉自己难以胜任宰相一职时再走不迟。"

房玄龄年老的时候身体虚弱，太宗看到他拖着病体还尽心操持国事，几次感动得热泪盈眶。于是，太宗特别准许房玄龄在家卧床理政，只要知道他身体稍有起色，便差人用轿子把他抬入宫中。后来，每当房玄龄病情好转，太宗就会立刻笑逐颜开；而一旦他病情稍微恶化，太宗则会忧心忡忡。

房玄龄辞世前做的最后一件事，就是让儿子帮他草拟一封劝诫太宗不要贸然征高句丽的奏折。太宗看完奏章后大受感动，随后亲临房玄龄府上探望他。

房玄龄一生专心辅弼唐太宗治理国家，兢兢业业，尽本分，举贤良，使唐朝法令渐趋完善，政局逐渐稳定，不愧是一代良相。

◀（唐）鎏金鸳鸯团花纹双耳银盆
出土于陕西省扶风县法门寺塔地宫。碗口径四十六厘米，四曲花瓣口，表面錾刻部花纹，花纹上施以鎏金。盆壁作四瓣莲花式，每个花瓣上刻有阔叶石榴组成的团花，团花内为鸳鸯立于仰莲之上，两两成双。团花间饰流云和阔叶纹。四周饰鱼子纹地，形成浮雕效果。盆外两侧各饰一兽面衔环铺首，环上套弓形提耳。盆地錾"浙西"二字，应是浙西地方官吏献给皇家的贡品。

杜如晦能谋善断

唐太宗身边有两位能干的宰相，一位是擅长谋划的尚书左仆射房玄龄，另一位是擅长决断的尚书右仆射杜如晦，世人把他们二人并称为"房谋杜断"。唐朝建立之初，很多典章制度都是由他们二人共同制定的。尤其是身为秦王府文学馆"十八学士"之首的杜如晦，更是为唐朝的稳定和发展做出了不小的贡献。

世家之后，追随秦王

杜如晦是京兆杜陵人，字克明。他的祖父杜果是隋朝的工部尚书，父亲杜咤是隋朝的昌州长史。杜如晦从小聪颖机智，喜欢谈经论史。隋炀帝时期，杜如晦成为候补官员，但只补任了一个滏阳尉的小官，没过多久，杜如晦就辞官返乡了。

618年，杜如晦被秦王李世民授予秦王府兵曹参军一职。当时太子李建成见秦王府内人才济济，不禁忧心忡忡，便借朝廷的名义把李世民府中的文官武将陆续调离京城。房玄龄对李世民说："府中的幕僚走得再多，也不可惜。但杜如晦博闻强识，是一个辅政之才。秦王如果只想守住自己的封地，杜如晦没有什么用处，假如还想治理天下，就绝对不能少了这个人的辅弼！"李世民听了以后连忙把已经出京的

▲后人绘《十八学士图》（局部）
李世民曾命阎立本为房玄龄、杜如晦等"天策府十八学士"画像，最终作成《十八学士图》。后世也多有以此为题材的力作。

杜如晦调回秦王府。此后，杜如晦逐渐成为秦王府智囊团中的骨干力量。

618年秋天，兵力强盛的薛举见唐朝政权根基尚浅，便举兵进犯。唐高祖命李世民带军征伐，杜如晦随军出征。几经鏖战，唐军完全掌控了西北地区的局势。后来，高祖封李世民为使持节、陕东道大行台，并提拔杜如晦为大行台司勋郎中，还封他为建平县男，赐食邑三百户。在李世民率兵讨伐刘武周、宋金刚、王世充等武装力量的过程中，杜如晦都随军征战，运筹帷幄。他判断精准，是李世民手下最得力的谋士。621年秋天，李世民为了招揽人才，特设文学馆，并选拔了十八位饱读史书、谋略过人的学士，杜如晦就是其中之一。

随着唐朝政权的稳定和发展，皇太子李建成和秦王李世民为争夺储位开始展开较量。为李世民出谋划策的杜如晦和房玄龄主张抢占先机，利用政变来铲除李建成和李元吉。与此同时，李建成和李元吉也在紧张谋划，企图瓦解秦王府中的幕僚势力。他们久闻秦王府中的杜如晦和房玄龄足智多谋，便上奏高祖说房、杜二人图谋不轨。于是，高祖便下令将房、杜二人逐出秦王府，并禁止李世民接触二人。

李世民拿定主意准备彻底铲除李建成和李元

▶▶ 隋纪·唐纪 上　　▶▶ 唐纪 上　　▶▶ 杜如晦能谋善断

吉，便派尉迟敬德召房玄龄和杜如晦两人秘密入府商定大计。杜如晦为了掩人耳目，在长孙无忌的掩护下，假扮成道士进入秦王府。经过精心筹划，626年夏天，李世民带领一班心腹发动了玄武门之变，射杀了李建成和李元吉，铲除了政敌。李世民被立为太子以后，立刻提拔杜如晦为太子左庶子。

同年秋天，唐高祖让出皇位，李世民坐上龙椅。多年来，杜如晦一直忠心耿耿地追随李世民左右，出谋划策，特别是在协助李世民夺取皇位的过程中立下大功。所以，杜如晦后来又被提拔为兵部尚书，封蔡国公，食邑一千三百户。

▲（唐）鎏金鸿雁球路纹提梁银笼
直口，深腹，平底，有提梁及盖，盖作穹顶，口沿下折与笼体扣合。器身纹同上，錾飞鸿二十四，分列三层，交错排列，两两相对，姿态各异。两侧口沿下铆接环耳，耳座作四瓣小团花，环耳上套置一提梁，梁上套有银链与盖钮相连。足呈三花组合式与笼底边沿铆接。此器工艺精湛，纹饰瑰丽，极富情趣，反映了唐代高超的工艺水平。

政务繁忙，鞠躬尽瘁

628年，杜如晦以检校侍中之职兼任吏部尚书，总管东宫兵马。杜如晦拜相以后，跟房玄龄一起制定了宫殿楼阁的规制和朝廷上的礼法制度，为后来唐朝修订各类规章法制提供了借鉴，也为贞观之治打下了基础。

唐太宗即位之初勤于政事，先后出台了一系列政策措施。杜如晦在这一期间发挥了无可替代的作用，他不但参与商定所有的国家要事，还辅佐太宗制定朝章礼法、选派官员、确立法律等。当时，太宗汲取杨隋政权覆灭的历史教训，主动采取了一些惠民利民的政策，使社会生产得到恢复和发展，国内政局逐渐稳定。唐朝进入了历史上著名的"贞观之治"时期。

630年，杜如晦病危，太宗亲自到府上探视，拉着他的手不断流泪。太宗破例提升他的儿子杜构为尚舍奉御。没过多久，杜如晦安然辞世，享年四十六岁。太宗悲痛欲绝，追赠杜如晦为司空，追封莱国公，赐谥号为成，并亲发手谕令虞世南为其篆刻碑文。

杜如晦去世后，有一次，太宗在品尝瓜果的时候突然想起他，立刻泪如雨下，于是命人把自己吃了一半的瓜果送到杜如晦的牌位前，此后还时常命人把宫中的饮食送去祭奠这位儒臣。每逢杜如晦的忌日，太宗都会派人到杜府慰问杜如晦的夫人和儿子，并一直保留其府上的僚佐职位。

史载杜如晦做宰相时，和房玄龄一起辅佐朝政。太宗每次商讨要事时，房玄龄都说须由杜如晦决断，而杜如晦也很重视房玄龄的建议。当时世人都说杜如晦擅长决断，房玄龄擅长谋划，两个人合作密切，共同辅弼太宗，"房谋杜断"成为历史上广为流传的一段佳话。

博学大儒颜师古

颜师古，名籀，字师古，雍州万年人，是唐代著名的经学家、训法学家、历史学家，自幼受家学影响，博览群书，通晓训诂，善写文章。唐太宗时，曾撰写《五礼》，并参与《隋书》《五经正义》的编纂。此外，他著有《汉书注》，在校正纰漏、改正诸表错乱及恢复旧本古字音义方面有突出贡献，对解读《汉书》起到了重要的作用。

名门之后，青出于蓝

颜师古家学渊源深厚，他的祖父是南北朝时期著名的大儒颜之推，著有《颜氏家训》，父亲颜思鲁也是当时有名的大学者。颜师古在家庭的影响下，年纪轻轻便已学富五车，声名远播。隋朝仁寿年间，他曾被推荐去做官，但后来因故被罢官，后为生计所迫，开始招收学生。

唐朝建立后，颜师古被授官中书舍人，专掌国家机密。因为他处事敏捷利落，熟悉国政事务，加之他写的奏章文采飞扬，所以当时的诏书基本都由他起草。

唐太宗即位后，颜师古更受器重，官至中书侍郎。因为颜师古不管是在朝做官还是辞官居家，都能严守家训坚持读书，探究学问，所以他有能力担任典籍的审校和注解工作。唐太宗认为，一些经史典籍由于年代久远，讹误较多，所以就派颜师古在秘书省考核审定五经。经过刻苦的研究，颜师古对五经全部予以修订。书成之后，太宗召集很多儒者重新审阅，这些儒者各抒己见，对颜师古极尽指责刁难之能事。颜师古则以前朝的古今传本为依据，一一驳斥了他们的非难，且在对答时出口成章，引经据典，简明扼要，且说理明白，尽展绝妙才思，令在场的儒者们钦佩不已。

633年，颜师古出任秘书少监，专门掌管历代史书的校勘之事。他对史书上的奇文异字，都能加以明辨解析。当时秘书监曾任用一大批后进之

▶（唐）金刚力士像
此图发现于敦煌藏经洞。左边力士属于力量内敛型的，然而无处不在的肌肉的体量感又很好地体现了金刚力士的刚毅雄健。右边力士脾气暴躁，性格刚烈，疾恶如仇。那种外在的咄咄逼人和不可阻挡的气势与左边力士的内敛形成一种对比。作者在刻画力士形象时，用笔简练纯熟，酣畅淋漓中又略带方折，对刻画金刚力士的勇武形象更为有利。

▶▶ 隋纪·唐纪 上　　▶▶ 唐纪 上　　▶▶ 博学大儒颜师古

辈从事校对工作。可是，身为秘书少监的颜师古却极力阻止寒士担任官职，更多地提拔重用那些出身豪门的人，致使一些没有真才实学的富商、花花公子等也混入了朝廷。当时有人检举颜师古公然收受贿赂，经查实后，他被贬为郴州刺史。但唐太宗爱惜他的才华，因而只是对他说了一些训斥劝诫的话后，又继续让他担任秘书少监。

后来，颜师古参加了《五礼》的修撰工作。637年，《五礼》成书，太宗看完以后十分满意，赐封颜师古为子爵。

订正讹误，功绩卓著

修成《五礼》后，颜师古应太子李承乾之命，为《汉书》作注。颜师古在总结前人成果的基础上，加入了自己对《汉书》的理解和认识，所作注文内容充实，观点明晰，受到了人们的一致好评。太子将《汉书注》进献给朝廷后，唐太宗下诏将此书藏入朝廷书馆，并赏赐给颜师古大量财物，以示嘉奖。

虽然在颜师古之前，已有很多人为《汉书》作注，但颜师古的《汉书注》一出，立即得到世人的称赞，其独特之处不言而喻。颜师古号称其注《汉书》的主旨是："近代注史，竞为该博，多引杂说，攻击本文，至有诋诃言辞，掎摭利病，显前修之纰僻，骋己识之优长，乃效矛盾之仇雠，殊乖粉泽之光润。今之注释，翼赞旧书，一遵轨辙，闭绝歧路。"颜师古坚决反对借为《汉书》作注来批驳《汉书》，表述作注者本人的想法，而是提倡要按照《汉书》的原文，公正地注解，这样才能很好地解析并阐明《汉书》的内容。

在这个原则的指导下，颜师古开始为《汉书》作注。他首先指出了以往《汉书》在传播过程中产生的谬误，复原了《汉书》的本来面目，然后阐述

▲（唐）酱釉双系辅首划花弦纹罐
质地为瓷，高三十八厘米。此器物盘口，短颈，双兽面系，并有双花朵形辅首，施釉不到底。

了因时代流转，而使汉字音义、事物名称、典章制度、史实等发生变化的问题。

颜师古对于那些在《汉书》流传过程中产生的谬误，也通常只是指出错误所在，陈述缘由，并不给予更改。比如颜师古在《朱建传》中的"建乃求见孝惠幸臣闳籍孺"句下解释道：《佞幸传》说汉高祖时有个叫籍孺的人，孝惠帝时有个叫闳孺的人，实际上，这两个人都名为孺，只是姓氏不同而已。这里称其为闳籍孺，这个"籍"字是后人加上去的。颜师古这样做，不仅尽可能地恢复了《汉书》的原貌，还避免了新的错误产生，为后人注解史书树立了榜样。颜师古作《汉书注》，曾参考了前朝二十家的注解，并采用各种方法对前人的注释进行审查辨别。

博学大儒颜师古

《汉书注》是《汉书》的一部新注，颜师古不仅根据新注的要求适当引用旧注，还为旧注的纰漏作了注解，可以说颜师古作的新注"上考典谟，旁究《苍》《雅》，非苟臆说，皆有援据"。因为颜师古参阅了大量的古籍，所以他的新注内容广博，引用的论据真实可靠，有很强的说服力。

在颜师古所作的《汉书注》中，有很多关于字音、词义和辨别异字的内容，因此有人说他的《汉书注》是侧重训诂的史注。这种说法有一定的道理，但究其原因主要在于《汉书》本身所用的古音、古字较多，到唐代时，因时代跨度很大，要为《汉书》作注就必须先做好训诂的工作。为了理顺《汉书》文句，颜师古不仅要注音释义，还要解析语句，讲明词句的演变过程。总的来说，颜师古晚年的扛鼎之作《汉书注》在注音释义方面成就突出，且注解翔实、明晰，备受历代推崇。

645年，颜师古跟随唐太宗征讨高句丽，中途病逝，享年六十五岁。颜师古一生勤于笔耕，著述颇丰，有《五经正义》《大唐礼仪》《隋书》《急就章注》《颜师古集》《汉书注》《匡谬正俗》《安兴贵家传》和《玲图》等作品，但流传至今的只有《匡谬正俗》《汉书注》两本。其中《匡谬正俗》和《急就章注》继承了其先祖的遗风，也为后世研究正字学树立了典范，在中国语言文字研究史上具有重要意义。

▶（唐）骑马俑
此件唐三彩骑马俑，一女子骑于马上。陶马体形肥壮，作奔腾状。人物以黄、绿色为主，色彩搭配得当，造型栩栩如生。

隋纪·唐纪 上　　唐纪 上　　骨鲠大儒萧瑀

唐纪 上
骨鲠大儒萧瑀

萧瑀，字时文，唐初名臣，位居凌烟阁二十四功臣第九位。萧瑀最初是隋朝大臣。李渊起兵后，萧瑀前去归附。他性情直爽，清正廉洁，敢于死谏，从不贪图权势，因而得到李渊的器重。李世民即位后，萧瑀因与房玄龄、杜如晦不和，多次得罪李世民，几经仕途沉浮，但从不违背原则。李世民称赞他"疾风知劲草，板荡识诚臣"。

出身显贵，高祖心腹

萧瑀出身名门，家世显赫，他的父亲是后梁明帝萧岿，姐姐是隋炀帝的皇后萧氏。萧瑀自幼以孝闻名，书文并长，且精通佛道。因贵为国戚，所以被隋炀帝委以机要事务。但是，由于几次逆触龙鳞上谏，他逐渐遭到隋炀帝的嫌恶和疏远。有一次，萧瑀上疏奏章，力谏隋炀帝放弃远征高句丽，而把主要精力放在防范突厥上，导致隋炀帝勃然大怒。随后，萧瑀就被隋炀帝贬黜为河池郡守。

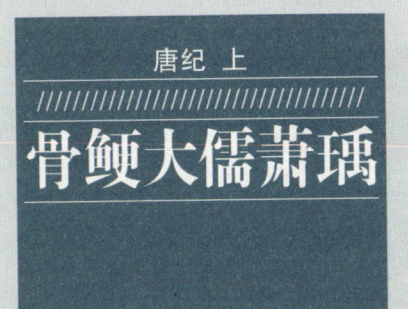

李渊兴兵反隋并占领长安后，萧瑀投奔大唐。李渊十分欣赏萧瑀，立刻封他为光禄大夫，赐宋国公爵号，萧瑀官至民部尚书。李渊之所以如此器重萧瑀，一是因为他性格耿直，二是因为他出身不凡，三是因为他是独孤皇后家族的女婿。所以，李渊把萧瑀当成自己的亲信，并亲切地唤他为"萧郎"。

在唐朝初创的时期，萧瑀最熟悉国仪朝礼，再加上他自己也积极进取，处处留心国事，因此深得李渊的重用。

耿直忠贞，两袖清风

唐高祖李渊执政末期，皇子间为争夺储位钩心斗角。高祖偏爱太子李建成，对战功显赫的李

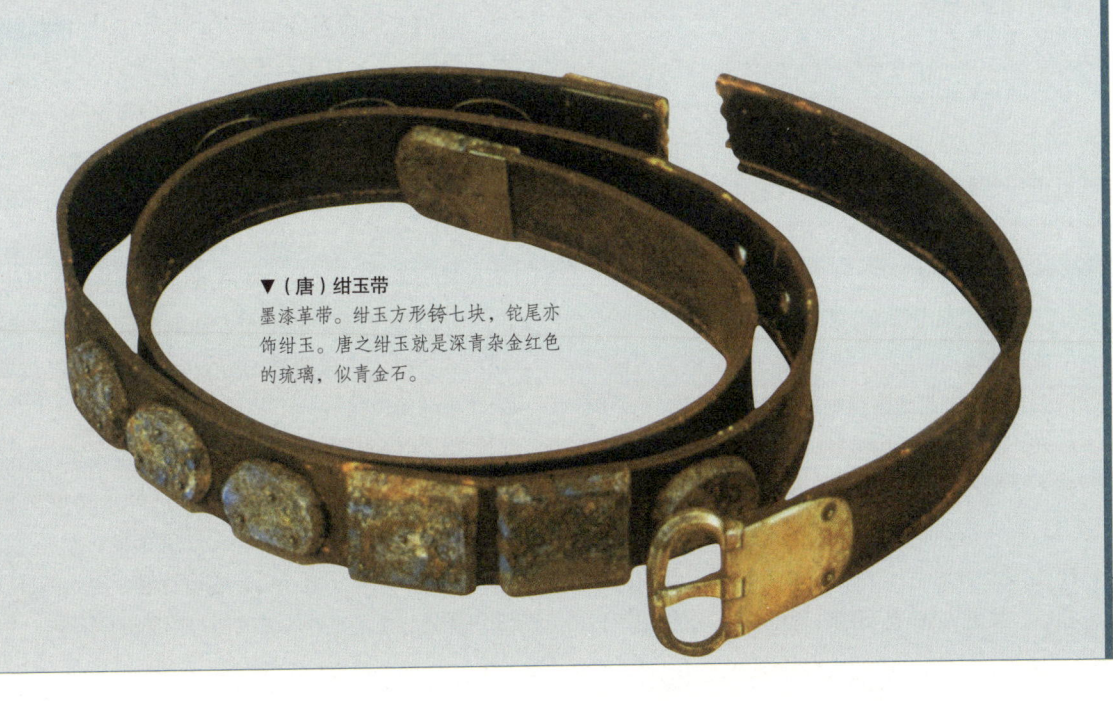

▼（唐）绀玉带
墨漆革带。绀玉方形銙七块，铊尾亦饰绀玉。唐之绀玉就是深青杂金红色的琉璃，似青金石。

隋纪·唐纪 上 | 唐纪 上 | 骨鲠大儒萧瑀

（唐）黑釉蓝白云纹双系执壶
此壶短颈，椭圆形腹，平底，肩部一面为流，相对一面为带形曲柄，另两面各有一系。通体施黑色釉，里满釉，外部施釉不到底。腹身饰以蓝白色云纹。此为唐代河南鲁山窑的典型器型造型，其丰硕的壶体显示出大唐盛世的风韵。釉面色调黑白分明，以大块色斑点缀器物，质朴而凝重。

世民却心存芥蒂。萧瑀知道唐高祖的心意以后，不计较个人利益，大力推荐智勇双全的李世民继承大统。

李世民夺得帝位以后，非常钦佩萧瑀的忠义和果敢，特将古人名句"疾风知劲草，板荡识诚臣"御赐给他，并封他为尚书左仆射，仍居宰相之职。后来，唐太宗李世民又陆续将房玄龄、杜如晦和长孙无忌等人封为宰相，令他们共同治理国家。

有一次，萧瑀与大臣陈叔达意见不合，两人在朝堂上争论不休。萧瑀因言辞过于激烈，咆哮朝廷，被免去官职。后来，唐太宗又重新起用他，但萧瑀性格耿直，不善变通，所以没过多久，他又因执法过于严苛而被免去职位，改做太子少傅，不再参政。数年以后，唐太宗再次提拔他，又重新让他参商国事。

萧瑀出身不凡，又曾与唐高祖李渊同朝共侍隋帝，因此，有时难免有些自视清高。萧瑀瞧不起出身不如自己的杜如晦、房玄龄、温彦博、魏征等人，所以在商议国事时常与他们意见不合。在出现分歧时，就算有唐太宗在场他也不避讳，常对杜如晦等人出言不敬。而且萧瑀生性率直，心胸狭隘，每闻房玄龄等人有疏忽失误，便大肆贬损。唐太宗很欣赏萧瑀的理政能力和秉公办事的作风，因此曾多次劝他稍加收敛，但他依然我行我素。渐渐地，唐太宗对萧瑀心生不满，因此萧瑀的相位总是屡复屡罢，他先后改任太子少师、太子太保、太子少傅、太常卿、晋州都督、河南道巡省大使等职。

643年，唐太宗为萧瑀、长孙无忌等二十四位功勋卓著的重臣分别画像，并把他们的画像悬挂在凌烟阁内，以示嘉奖。唐太宗讨伐高句丽的时候，萧瑀被任命为洛阳宫守，担负守卫京师的重任。可见，太宗对萧瑀还是非常信赖的。

后来，萧瑀看到唐太宗器重房玄龄等人，大为不满，便在646年秋天上奏请求皇上免去自己太子太保和同中书门下的三品职位，准备出家静修。但后来萧瑀又反悔说，自己恐怕做不了和尚，不打算出家了。唐太宗见萧瑀这样视做官如同儿戏，一怒之下便下令免去了他的爵位，降职为商州刺史。过了一段时间，唐太宗才再度恢复萧瑀宋国公的爵位。

648年初夏，七十四岁的萧瑀病逝。萧瑀临终前嘱咐家人殡葬从俭，他说："生死原本就是事物的规律。我死以后，只用一件单衣殓葬吧。"太宗得知此事后，感慨不已，遂追封他为荆州都督，加封谥号"肃"，后来又改谥号为"贞褊"。

| 隋纪·唐纪 上 | 唐纪 上 | 大唐战神李靖 |

唐纪 上
大唐战神李靖

李靖，字药师（一称本名药师），雍州三原人，文武兼济，骁勇善战，是唐初杰出的军事家，为唐朝统一天下和稳定政局建立了不朽功勋。唐太宗曾称赞他："器识恢宏，风度冲邈，早申期遇，夙投忠款，宣力运始，效绩边隅，南定荆扬，北清沙塞，皇威远畅，功业有成。"另外，李靖也是一位卓越的军事理论家，他在带兵作战过程中总结出了一系列治理军队的经验，推动了我国古代军事理论的发展。

统一江南，北抗突厥

李靖出身于官宦世家，他的祖父李崇义曾经做过殷州刺史，被封为永康公，父亲李诠在隋朝任赵郡太守。李靖受家庭的影响，从小就文武兼备，志向远大。

李渊起兵攻占长安后，李世民将李靖召入门下做了三卫。

618年，李渊登基，封李世民为秦王。为了铲除各地的割据力量，秦王奉命东征，前去讨伐在洛阳称帝的王世充。随军同行的李靖在讨伐过程中战功显赫，遂被提拔为开府。此后，李靖的军事才华开始展现出来。

唐军刚刚开始攻打王世充时，占据江陵一带的萧铣集团抓住唐军专心剿杀王世充的时机，企图夺取硖州和巴蜀等地。但萧铣派出的水师受到硖州刺史许绍的奋力抵抗，只好退回安蜀城和荆门城。唐高祖为铲除萧铣这股地方势力，便下令李靖奔赴夔州。

621年初，李靖仔细分析了当时敌我双方的形势后，提出了剿灭萧铣的十条策略，受到唐高祖的赏识。次月，唐高祖封李孝恭为夔州总管，任命李靖为行军总管兼任行军长史。李孝恭接受李靖乘水涨敌懈、迅速进军江陵的建议，铲除了萧铣这一当时南方最强大的割据力量。由于李靖军功显赫，唐高祖加

▲（唐）彩绘贴金骑马俑
该骑马俑戴盔，肩有护披，铠甲护胸、腹和膝部，昂首挺胸，双目前视，一手握缰绳，一手执兵器（已丢佚）。马面贴金，全身披甲，图案精美。此骑马俑一般只见于皇帝卤簿仪伏中。

隋纪·唐纪 上　　唐纪 上　　大唐战神李靖

封他为上柱国。

623年夏天，归顺唐朝的农民起义军头目杜伏威和辅公祏之间出现矛盾，于是辅公祏趁杜伏威入朝的时候，私自带兵占领丹阳，并公开反唐。唐高祖得知此事后，立刻任命李孝恭为统帅，李靖为副帅，带领人马前去征讨。李靖带领水陆两军直奔丹阳，经过一番鏖战，歼灭了叛军的主力，并生擒了辅公祏，平息了江南叛乱。

没过多久，东突厥依仗自己兵力强盛，战马健壮，开始蠢蠢欲动，不断兴兵进犯大唐边境。于是，李靖又奉命带军北击东突厥。

625年，东突厥颉利可汗带领十万大军翻过石岭袭击太原，行军总管李靖带领一万多名江淮兵卒据守太谷阻击敌军。由于敌军来势汹汹，负责阻击的其他唐军大都相继失利，而李靖的军队却损失不大。626年8月，李世民刚刚登基，便调派李靖为灵州道行军总管，全权负责抵抗东突厥的进犯。

629年，东突厥国内发生骚乱，唐太宗准备趁此机会一举将其歼灭，以绝后患。于是，兵部尚书李靖被任命为定襄道行军总管，分六路进攻突厥，经过一番激烈的厮杀，李靖大获全胜，并因功勋卓著被晋封为代国公。不久后，颉利可汗被擒，东突厥自此覆灭。

从隋朝开始，突厥就屡次进犯中原。李靖等将领带兵消灭东突厥，不但使唐朝的北部边境从此平定下来，也为曾经向突厥屈尊的大唐一雪前耻。

性情沉稳，知足而退

虽然李靖在沙场上威猛无比，豪气逼人，但他在官场上却十分敦厚。东突厥被灭以后，有大臣揭发李靖在攻入颉利可汗的军帐时纵容手下士兵将金银财宝私纳囊中并要求严查此事，而唐太宗虽然不清楚事情的原委，却特令不许查办这件事。

李靖觐见时，太宗就大臣揭发的事情斥责李靖，而李靖却并不辩解，只是低头请罪。但太宗依然认为李靖功大于过，因而还是封他为左光禄大夫，赐一千匹绢，食邑增至五百户。后来，太宗得知李靖是受到了诽谤，心下宽慰，便又加赐给李靖两千匹绢，并将他由兵部尚书擢升为尚书右仆射，成为宰相。深知树大招风之理的李靖，在每次与其他宰相商议国事时，总是表现得"恂恂似不能言"。正是这种谨小慎微的处事态度，才使他在后来能够顺利地功成身退。

634年秋天，李靖担任宰相刚刚四年，就以

◀ （唐）鎏金龟形银盒

该器分体焊接成型，纹饰鎏金，整个造型呈龟状，引颈昂首，瞠目张口，四足外露，以背壳作盖，内焊椭圆形口架。龟首及四足中空，龟首与腹部先套合后焊接，尾与腹亦焊接。背部饰龟背纹，外围鳞纹一周，首与四腿饰斜方格纹，内填箆纹，下颈、胸部饰双弦纹数道，以锥点纹作衬托，腹部满饰花蕊纹。该器造型手法写实，纹样逼真，具有生动而独特的艺术魅力。

脚伤为由请求辞去官职,而且言辞十分诚恳。太宗了解李靖的心意,因此对他的这个决定表示理解,便让中书侍郎岑文本向李靖传达自己的话:"古往今来,能在得到高官厚禄后选择急流勇退的人很少。现在你能这样深明大义,请辞让贤,精神实在可嘉。我今天不仅成全你的心愿,还想让你成为楷模,让天下人效仿。"

于是,唐太宗又将李靖加封为检校特进,赏千段绢帛、两匹尚乘马,特许他在府中调养,等他的脚伤有好转,再每隔两三天到中书省和门下省参议朝政。后来,唐太宗又御赐给李靖一根灵寿杖,以帮助腿脚不便的他行走。可见,唐太宗非常宠爱李靖。

老将出马,西域安定

没过多久,吐谷浑侵犯凉州,太宗准备发兵还击。在点将的时候,太宗第一个就想到了智勇双全、名震边陲的李靖,无奈此时李靖年事已高,而且脚上还患有伤病,唐太宗只得作罢。但是,李靖不顾自己年老力衰和脚上的伤痛,主动拜见宰相房玄龄,请兵出战。唐太宗闻知此事后非常高兴,于是封李靖为西海道行军大总管,带兵还击吐谷浑。

领命出征的李靖率兵在库山与吐谷浑展开大战,旗开得胜,击溃了吐谷浑的部队。然后,李靖又命各路人马乘胜追击,连连取胜。没过多久,吐谷浑的首领伏允可汗被手下杀掉了,伏允可汗的大儿子带领残兵归降了唐军。后来,李靖被晋爵为卫国公,随后又被提升为开府仪同三司。

643年,李靖又与长孙无忌等人一起被封为建国功臣,太宗还把这二十四位功臣的画像悬挂在凌烟阁以示嘉奖。

李靖一生军功显赫,他亲自领导的数次重大战役都取得了胜利,这不仅因为他在战场上勇猛果敢,还因为他有丰富的作战经验。后来,李靖总结历次带兵作战的经验教训和心得体会,著录成书传给后人。

760年,唐肃宗尊姜太公为武成王,并尊李靖与白起、韩信、诸葛亮、李勣、张良等为历史上十大名将,配享于武成王庙。

▶ (唐)六叶形鎏金银盒
鎏金这种技术在春秋战国时已出现,自战国后更是大放光彩,尤以两汉最为普遍。其制作方法是将金与银混合熔化,涂上铜器表面,经温烤后固著,再加以打磨即成,其色彩华贵璀璨、经久不褪。本器为唐时所制,银盒呈六叶簇拥形,盒面中央所饰亦为六叶图,制作精细,造型中正美观,体现了唐朝金银器的工艺水平。

隋纪·唐纪 上　　唐纪 上　　千古名将李勣

唐纪 上
千古名将李勣

李勣是唐代政治家、军事家，凌烟阁二十四功臣之一。他原姓徐，名世勣，字懋功，亦作茂公，因被唐高祖李渊赐姓李，故曾名李世勣，后因避太宗李世民讳，遂改名为李勣。李勣一生出将入相，位极人臣，历仕唐高祖、唐太宗、唐高宗三朝，深得朝廷信任，尤其在平定边境战乱上战绩斐然，功勋昭著，因此备受后人赞誉。

出身土豪，聚义瓦岗

李勣年青时家境殷实，史称其"家多僮仆，积粟数千钟"。他与父亲徐盖都是乐善好施之人，经常慷慨解囊，救济乡民，不问亲疏。616年，农民起义军首领翟让以瓦岗（今河南滑县南）为据点，聚众造反，李勣投奔了瓦岗军。后来，翟让采纳李密的策略，在荥阳大海寺与隋朝将领张须陀展开大战，李勣随同李密带领人马围困住隋军，将张须陀的部队全部消灭。瓦岗义军从此威名远扬。

后来，李勣发现翟让的组织谋划能力远远不及李密，便和王伯当一起建议翟让把瓦岗寨的首领之位让给李密。随后，李密自称魏公，成为瓦岗军的最高领导。没过多久，李勣因巧胜隋将王世充而建功，被授予东海郡公的名号。

后来，李勣为李密谋划计策，使瓦岗军成功占领了黎阳仓。瓦岗军开仓放粮，赈济百姓，得到救济的饥民非常感激瓦岗军的义举，争先恐后地加入起义军的队伍。瓦岗军的规模空前壮大，成为一支不可忽视的反隋农民武装力量。

617年，瓦岗军领导集团内部互相倾轧，翟让被李密用计害死，瓦岗军的统治大权落在李密一人手中。李勣在内乱中不幸被卫兵砍伤，李密亲自把他搀入大帐，并亲手为他包扎伤口，还把翟让的旧部分别交给李勣和单雄信等人统领。此后，李密牢牢地掌控住了整个瓦岗军。

然而，取得最高领导权的李密却开始变得狂妄自满。他非但不再体恤兵卒，而且打了胜仗也不封赏有功的将士，再加上当时瓦岗军只有充裕的粮草，并没有多少银钱，于是兵卒们逐渐心生

▶（唐）苏常侍泥佛像
苏常侍泥佛像多造于唐代中期，颜色分为青、红两种，形式有上圆下方和长方形两种，佛像正面变化较多。因苏常侍泥佛像是官造，所以不仅形式多样，而且做工精良，其画像、书法、塑形工艺都达到了泥塑艺术的高峰。此尊泥佛像为泥红色，背后无文字。中间佛为莲花跏趺坐，掌心靠上，指向上，表示佛陀使人安心。其制作极为精美，是上乘的艺术珍品。

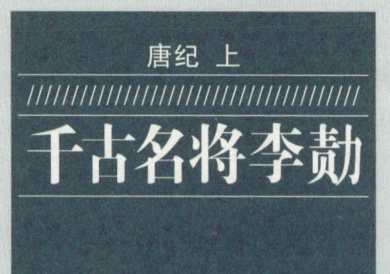

> 隋纪·唐纪 上　　▶▶唐纪 上　　▶▶千古名将李勣

不满。李勣发觉军心涣散，几次敦促李密改正错误。李密心里不悦，就把李勣调离身边，派往黎阳镇守。

效力大唐，战功赫赫

619年，吃了败仗的李密带领残部进入关中归顺唐朝，李勣则依然把守着黎阳等十个郡县，没有降唐。李勣并没有直接纳土归降，而是写信让李密自己献上当地的土地和百姓。李渊认为李勣是个忠臣，下诏封他为黎阳总管、上柱国。后来，李勣跟随秦王李世民歼灭了刘武周、王世充后，才前往长安。

625年，东突厥颉利可汗不断派兵骚扰大唐的并州地区，李勣奉唐高祖之命以并州行军总管的头衔前往并州抗击东突厥。两军对垒，不辱使命的李勣成功杀退敌军。

唐太宗登基以后，封李勣为并州都督，把李唐政权的发迹地——太原交给他管理。此后，李勣开始独自管理这一北方军事重镇。

629年冬天，太宗封兵部尚书李靖为定襄道行军总管，带领十几万兵卒攻打东突厥。被任命为通汉道行军大总管的李勣奉命从云中进发，在路过白道时，与行军至此的东突厥颉利可汗部队展开大战。李勣用兵如神，几个回合下来，东突厥部队渐渐溃散。李勣命手下追击逃兵，抓获敌军五万余，大胜而归。李勣在并州任职的十六年里，执法办事雷厉风行，四周的部落小国受到震慑，从不敢轻举妄动。

644年，太宗打算远征高句丽，李勣被任命为辽东道行军大总管，带领包括步兵、骑兵和外族降兵在内的数万大军，浩浩荡荡地向辽东挺进。第二年的春天，李勣攻陷盖牟城，活捉了两万多敌军，收缴十余万石粮食。不久，李勣又攻下了白岩城。

李世民死前，贬李勣为外官。649年，唐高宗李治登基，李勣被提拔为洛州刺史，负责镇守洛阳宫；随后李勣又被晋升为开府仪同三司、同中书门下，参掌机密；没过多久，李勣被封为尚书左仆射。位高权重的李勣担心自己仕途太过顺利会招致非议，于是在650年上奏辞去左仆射一职，但高宗仍然命他以开府仪同三司的身份参议朝政。653年，李勣再次受到提拔，被册封为司空。太宗曾把李勣封为二十四功臣之一，并在凌烟阁悬挂

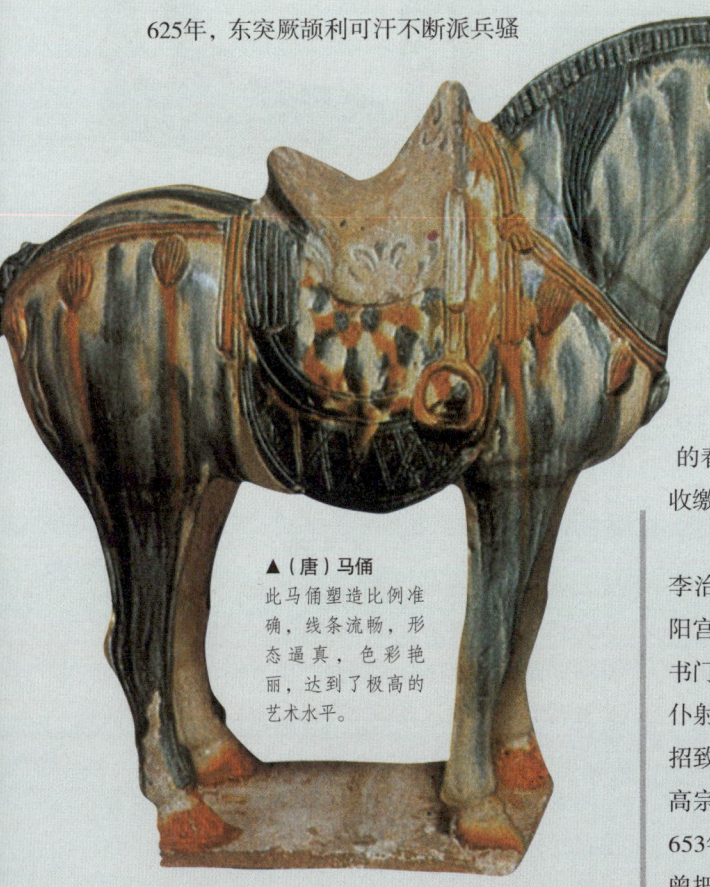

▲（唐）马俑
此马俑塑造比例准确，线条流畅，形态逼真，色彩艳丽，达到了极高的艺术水平。

他的画像。后来，高宗也命人为李勣画像，还在画像上亲笔题序，以示嘉奖。

支持武后，陪葬昭陵

655年，高宗想改立武则天为后。这件事顿时引起朝廷上下的议论。顾命大臣长孙无忌和褚遂良带头反对，而政治上不得势的李义府、许敬宗等人大力支持。李勣虽然称病未去朝堂参与讨论，但暗地里却十分支持高宗，甚至还联合许敬宗等人密奏高宗以表诚心。

正是由于有了李勣等人在背后的支持，高宗才力排众议，下定了决心。这年冬天，高宗封武则天为皇后。从此，武则天便稳稳地坐上了大唐后位。随后，朝廷里因废立皇后而划分为两派的大臣们受到了截然不同的待遇，李义府、李勣等支持重新立后的官员们纷纷被委以重任，平步青云；而反对者长孙无忌、褚遂良等人却先后被贬黜、定罪，有的人甚至被迫自尽。

666年，高宗又一次发兵远征高句丽。同年冬天，李勣被高宗任命为辽东道行军大总管，负责统领水、陆两军讨伐高句丽。当时已过古稀之年的李勣雄风依旧，仍然能够运筹帷幄、指挥自若。次年，李勣带领人马攻陷新城，此后，一路所向披靡，战无不胜。

同年秋天，李勣带领部分人马攻下了大行城，随后唐军的各路大军纷纷与李勣会合。当唐军行至鸭绿栅时，再一次击溃了高句丽大军。李勣率领部队连续追击敌人两百多里地，攻克辰夷城（在今朝鲜境内），进而围攻平壤城，生擒高句丽王，此后高句丽被彻底扫平。李勣班师回朝。快要到达京城时，李勣奉高宗的旨意，在昭陵用高句丽王举行献俘仪式，然后整理军队仪容，浩浩荡荡地返回京师。随后，高宗为褒奖战功

▲（唐）彩绘陶骆驼
高三十八厘米，宽三十三厘米，辽宁朝阳工程机械厂唐墓出土。骆驼是中国古代丝绸之路上不可或缺的运输工具。这匹骆驼背负软包，整装待发，软包上的小猴生动活泼，意趣盎然，为这件作品平添了情趣。

赫赫的李勣，晋封他为太子太师，将其食邑增至一千一百户。

669年冬天，七十六岁高龄的李勣病逝。高宗命文武百官在光顺门前向李勣致哀，并休朝七日以示悼念。高宗还追封李勣为太尉，并特许他陪葬于昭陵。高宗还命人仿照汉代卫青和霍去病的坟墓样式，为李勣修建了一座陵墓，以表达对他生前所立战功的嘉奖。

直到现在，这座陵墓依然耸立在陕西省礼泉县的九嵕山脚下，诉说着一代名将李勣的不朽功勋。

唐纪 上
尉迟敬德英勇救主

尉迟敬德，复姓尉迟，名恭，字敬德，唐朝大将，朔州鄯阳（今山西朔州）人，凌烟阁二十四功臣之一。隋末曾在朝廷任职，后投到李世民门下。他武艺超群，英勇善战。在玄武门之变中，李世民在与李元吉的角逐中不慎落马，幸亏尉迟敬德及时赶到，射杀李元吉，才得以扭转乾坤。尉迟敬德数次救李世民于危难之中，始终忠心耿耿，深受李世民的信任。

从军反隋，接连惨败

隋炀帝执政末期，尉迟敬德正在高阳服兵役。当时各地农民起义风起云涌，尉迟敬德数次随军镇压起义，因在战斗中勇猛无敌而被朝廷任命为朝散大夫。

617年早春，马邑鹰扬府校尉刘武周杀掉马邑太守王仁恭，公开兴兵反隋，并向突厥派遣使者表示归顺。随后，刘武周自立为帝，定年号为天兴，逐渐发展成为北方地区的一大势力。刘武周听说尉迟敬德英勇无敌，便想方设法把他拉拢过来，让他在自己的手下做偏将。

李渊建立了唐政权以后，刘武周手下大将宋金刚提议先攻占晋阳，然后向南争雄天下。于是，619年春天，刘武周倚仗突厥的强大势力发兵南攻，尉迟敬德也一路随行。

在初次与唐军对阵告捷后，尉迟敬德立刻撤兵回浍州。李世民得知此事，便立即命兵部尚书殷开山和总管秦叔宝等埋伏在美良川截杀尉迟敬德的人马。丝毫没有防范的尉迟敬德中了埋伏，痛失一千多名士兵，惨败而回。

没过多久，为了解救被唐军牵制住的宋金刚，尉迟敬德带领精锐骑兵悄悄向蒲坂挺进。李世民闻讯后，亲自带领三千名步骑兵深夜抄近路赶到安邑埋伏起来，然后等待时机截杀尉迟敬德的骑兵。结果，尉迟敬德再一次中伏惨败。

投效大唐，奋力救主

620年春天，经过五个月的艰苦对峙，宋金刚的部队终于因为粮草不足而不得不撤军。李世民带领大军一路穷追不舍，将其击溃。宋金刚带领仅存的两万名兵卒退守介休，李世民日夜兼程追至介休。宋金刚出西门迎战，战败后落荒而逃。

◀（唐）彩绘胡人俑
新疆吐鲁番阿斯塔那古墓出土。

▲（唐）白釉贴花纹罐
质地为瓷。此罐造型周正，古朴大方，贴塑树叶纹，釉色洁白，施釉不及底。

尉迟敬德整理残余兵力，继续死守介休。李世民得知尉迟敬德神勇无比，便差遣部下前去说服他归降。随后，识时务的尉迟敬德同意归顺唐朝，并献上了介休和永安两座城池。李世民得知尉迟敬德归降，大喜，立刻将他封为右一府统军，并让他继续统率旧将。唐军将士见李世民如此相信尉迟敬德，纷纷产生抵触情绪，其中行军元帅长史屈突通担心尉迟敬德怀有二心，便屡次劝谏李世民除掉尉迟敬德，但均被驳回。

同年盛夏，李世民领兵打猎，至魏宣武帝陵附近时，突遭王世充带领的兵卒伏击。王世充麾下大将单雄信手持长矛策马直取李世民。千钧一发之际，尉迟敬德大喝一声挺身而出，把单雄信挑落马下。王世充的人马被震慑得稍稍后退，尉迟敬德则趁势保护李世民冲出包围圈。然后，尉迟敬德又带领骑兵杀了一个回马枪，在王世充的军阵中奋力搏杀。后来，屈突通带领主力部队赶来援助，尉迟敬德越战越勇，共歼敌千余人，生擒对方领兵大将军陈智略，王世充则趁乱侥幸逃脱。经过这次大战，李世民对尉迟敬德更加信赖。他对尉迟敬德说："当大家都说你会背叛我的时候，冥冥之中我听随天意，没有相信他们的话，想不到这么快就得到了善报！"此后，他们君臣的关系变得越发亲密。

开国功臣，安享晚年

唐朝统一天下后，北方突厥经常侵扰边境。在抗击突厥的过程中，尉迟敬德屡建奇功。621年，突厥进犯，尉迟敬德领命抗敌，大胜而归；623年夏天，突厥对原州发动进攻，同年冬又开始袭击朔州，右武侯大将军李高迁被突厥打败，尉迟敬德又奉旨领兵增援；624年夏天，突厥进犯陇州，时任护军一职的尉迟敬德再次奉旨抗击突厥。

李世民登基后，为表彰尉迟敬德，特封他为吴国公。同年秋，太宗将在玄武门之变中建立功勋的尉迟敬德和长孙无忌封为首功之臣，各赏给一万匹绢；为嘉奖尉迟敬德英勇救主，还赏赐他齐王府的所有财物和整个府邸。后来还封他为右武侯大将军。

尉迟敬德生性直率，但有些恃功矜能，每每遇见房玄龄、杜如晦、长孙无忌等人，常对他们冷嘲热讽，甚至有时在朝堂上也会恶语相向，致使他与那些宰相的关系日趋紧张。后来，尉迟敬德被调离京师担任地方官。

643年早春，尉迟敬德奏请卸甲归田，颐养天年。658年冬天，七十四岁的尉迟敬德在家中与世长辞，唐高宗追封他为司徒，并特许他陪葬于昭陵。尉迟敬德戎马一生，建功无数。自跟随李世民以后，他凭着过人的武艺，几次冒死救主，可谓功勋卓著。特别是在玄武门之变中，尉迟敬德不但射杀了齐王李元吉，还主动请求唐高祖将李建成和李元吉的旧部交给李世民统领，成就了秦王李世民的大业。

传奇猛将程咬金

程咬金，字义贞，后更名知节，济州东阿人，唐初名将，凌烟阁二十四功臣之一。程咬金出身于官宦世家，祖父程哲是北齐晋州司马，父亲程娄是北齐济州大中正。隋末天下大乱，程咬金先是投奔瓦岗寨，后归降李世民，随其转战南北，功绩斐然。由于程咬金善于伏击，因此民间有"半路杀出个程咬金"的说法。

保护乡民，投奔瓦岗

隋朝统治末期，全国农民起义军有一百多股，每股义军人数从几百到几万不等，大多规模不大，而且也没有相对明确的政治目标，几乎都是打游击战，到处抢劫钱财。为了防范起义军的掠夺，程咬金特地组织乡里有地位、有势力的人共同保护家园。

617年前后，国内的义军势力已逐渐整合成三股比较强大的力量，即瓦岗军、河北义军和江淮义军。相比之下，程咬金组织的那种民间地方保护组织力量就显得十分微弱了。于是，程咬金毅然选择投奔瓦岗军。

618年秋，隋朝洛阳守将王世充精选兵卒战马，在通济渠南安营扎寨，并在通济渠上修建三座桥梁，准备全力攻打瓦岗寨。与此同时，瓦岗寨首领李密也部署人马在邙山南麓摆开阵势，程咬金奉命统率内马军，跟随李密在北邙山上驻扎，单雄信则带领外马军在偃师城北驻营。

王世充率军抵达以后，立刻号令几百名骑兵袭击单雄信。李密命程咬金和裴行俨赶去增援。最先冲入敌军的裴行俨被流箭射中落马，程咬金连续斩杀数名敌兵前去搭救。敌军见状，大惊之下纷纷退避，程咬金趁机把裴行俨抱在马上掉头回撤。但载着两个人的战马不堪重负，很快就被追兵赶上了。程咬金不忍心抛弃裴行俨，奋力搏击，被一杆长矛刺中。程咬金反手折断那杆长矛，击毙刺伤他的敌兵。敌军受到震慑，不敢再继续追杀，二人这才得以抽身回营。由于李密指挥失误，这场战役使瓦岗军元气大伤，而后李密只好选择归降李唐政权，名震一时的瓦岗寨农民起义以失败告终。

瓦岗军溃败以后，山穷水尽的程咬金等部分瓦岗将领被迫投靠王世充。王世充十分赏识程咬金，并对他礼遇有加，程咬金却对狡诈的王世充颇有微词。秦叔宝亦深有同感，于是二人准备离开王世充。

归唐为将，屡立战功

619年早春，王世充统领大军侵犯唐朝的谷州，程咬金被封为将军，秦叔宝被封为龙骧大将军。两军在九曲决战时，程咬金、秦叔宝、吴黑闼、牛进达等人领兵出战，程、秦二人带领几十名心腹往西面疾驰了一百多步以后勒紧缰绳，对王世充说："承蒙您盛情款待，虽然我们很想报答您的恩情，但您疑心太重，蛊惑兵卒，这里不是我们能够托身之处，现在特向您辞别。"随后，众人上马投靠了大唐。王世充惧怕程、秦二人的勇猛，没敢下令追击。

程、秦等人归顺唐朝后，被分配在秦王李世民手下。后来，程咬金担任秦王府左三统军，秦叔宝为马军总管。李世民效仿李密，从全军中精

少年读全景
资治通鉴故事 5

▶▶ 隋纪·唐纪 上　　▶▶ 唐纪 上　　▶▶ 传奇猛将程咬金

选出一千多名骑兵,分为左右两队均身穿黑色衣服,披挂黑色盔甲,称为"玄甲队",分与程咬金、秦叔宝等大将率领。每逢与敌军阵前作战,李世民都亲自披挂黑甲,带领玄甲队充当前锋部队,势如破竹,令敌军闻风丧胆。从这以后,程咬金便一直追随在李世民左右。唐太宗李世民登基以后,加封群臣,程咬金被赐予食邑七百户。643年春天,唐太宗将程咬金列为凌烟阁建唐功臣。同年,程咬金被任命为左屯卫大将军,检校北门屯兵事宜,并被加封为镇军大将军。

讨伐突厥,善终于家

656年,被封为葱山道行军大总管的程咬金奉命征讨西突厥,在袭击西突厥歌逻、处月两个部落的过程中,共剿灭敌军一千多人。同年冬,程咬金带兵行至鹰娑川一带,与突厥四万大军短兵相接。程咬金的前军总管苏定方带领五百骑兵冲锋陷阵,大败西突厥,并一路追击歼敌一千五百余人,收缴战马和兵器等不计其数。

665年,程咬金在家中辞世。唐高宗追封他为骠骑大将军,并特许其陪葬昭陵。身为开国功臣的程咬金为唐朝的建立和统一立下了汗马功劳。

◀（唐）鎏金舞马衔杯纹银壶
1970年陕西西安南郊何家村唐代窖藏出土。这件仿皮囊形银壶,器腹两面均锤出一马衔杯纹,马颈系飘带,昂首扬尾,似做舞状。纹饰鎏金。形制优美,图案别致,制作精工。圈足内有墨书"十三两半"。

隋纪·唐纪 上　　　唐纪 上　　　开国驸马柴绍

唐纪 上
开国驸马柴绍

柴绍，字嗣昌，晋州临汾人，唐朝大将，凌烟阁二十四功臣之一。他出身将门，少年时即以抑强扶弱而闻名，并做了隋朝元德太子（隋炀帝长子）的千牛备身（一种高级禁卫武官）。唐国公李渊十分欣赏柴绍的机敏，便把三女儿（即后来的平阳公主）许配给他。柴绍智谋过人，擅长以少量精兵克制大批敌军，为唐朝的建立和统一立下了不朽的功勋。李渊登基后，柴绍便成了大唐的开国驸马。

尚武好侠，开国驸马

柴绍出身将门世家，他的祖父柴烈是北周的骠骑大将军，先后在遂、梁二州担任刺史，并被封为冠军县公。他的父亲柴慎是隋朝的太子右内率，被封为钜鹿郡公。柴绍少年时抑强扶弱而闻名遐迩，唐国公李渊十分欣赏他，便把三女儿嫁给了他。

617年春天，李渊认为自己已经具备了夺取天下的条件，在太原、西河、雁门和马邑四个郡县大肆征集兵卒。同时，李渊在暗地里差人通知李建成、李元吉和柴绍聚集晋阳，为兴兵反隋做好准备。

正在长安的柴绍夫妇接到密报，便商量离开长安。柴绍说："岳父大人已经扫清障碍，我要前去相助；但是我们二人一起离开的话目标过于明显，分别离开又恐招致祸患，这可怎么办才好呢？"李氏知道形势急迫，便对柴绍说："还是你先行一步，我一个妇道人家，就算遇到紧急情况也比较容易躲藏，到时候自然有办法脱身。"随后，柴绍立即离开长安奔赴晋阳。

▼（唐）铜胡腾舞俑
隋唐时期，"西凉伎"被视为国乐，而在演奏西凉伎乐时，常伴以胡腾舞。胡腾舞源自西域。这件铜舞俑生动地展现了舞者的豪放舞姿。

少年读全景
资治通鉴故事 5

▶▶ 隋纪·唐纪 上　　▶▶ 唐纪 上　　▶▶ 开国驸马柴绍

▲（唐）十二生肖陶塑
十二生肖均为人身兽首，面目肃穆端庄，皆拱手垂肩而立，或微颔，或侧首，或直视，姿态各异，皆具神韵。

在半路上，柴绍巧遇刚刚从河东启程的李建成、李元吉兄弟二人。李建成担心父亲若是起兵，他们行在半路会有危险，于是建议柴绍先归顺别人，然后再作打算。柴绍认为若是形势果然如李建成所言，则他们更应当立刻赶赴晋阳。李建成采纳了柴绍的建议。当他们走到雀鼠谷时，听到李渊兴兵反隋的消息，三人非常高兴，李建成和李元吉都夸赞柴绍有先见之明。

李渊拥兵起义以后，设置了大将军府，将柴绍封为右领军大都督府长史。没过多久，李渊亲自带领三万精兵从晋阳誓师起程，柴绍被任命为马军总管随军出征。当李渊带军快要走到霍邑时，柴绍先行一步前往城下，仔细探察了隋朝守将宋老生的布防情况。后来，李渊设计诱使宋老生出城，随后兵分两路左右夹击，将其打败。在霍邑取得的这场胜利，为李渊下一步夺取关中铺平了道路。而在这场战役中，柴绍功不可没。

柴绍离开长安以后，他的妻子李氏便移居鄠县，然后用尽积蓄召集了几百名山贼草寇，以响应远在晋阳起兵反隋的父亲李渊。李氏还派遣家仆马三宝拉拢地主武装势力，合力攻陷了鄠县。随后，马三宝又收降了反隋的李仲文等小股势力。后来，李氏指挥大军攻陷了三座城池，手下兵力增至七万人。李渊闻听此事大喜过望，立刻调兵前去接应。于是，柴绍奉命带领人马渡过黄河占据华阴，以策应自己的夫人李氏。此时，李氏已经带领人马与李世民在渭河北岸会合，然后又与柴绍团聚。随后，按照兵家惯例，柴绍夫妻二人分别设置衙署，合力围困长安。

李氏兴兵十分有效地分散了隋军的精力，为李渊攻入关中创造了良好的条件。同年秋，李渊率诸将攻陷长安。李渊占领长安后，随即把杨侑推为傀儡皇帝，将柴绍封为临汾郡公。

618年初夏，李渊在长安登基后，又封柴绍为左翊卫大将军。之后，柴绍先后参加了扫平薛举父子、击溃宋金刚、大败王世充、活捉窦建德等一系列战争，并因屡建奇功而被晋封为霍国公。

▶▶ 隋纪·唐纪 上　　▶▶ 唐纪 上　　▶▶ 开国驸马柴绍

所向披靡，凌烟功臣

623年春天，吐谷浑侵犯唐朝芳州，芳州刺史房当树逃往松州。初夏，唐高祖命柴绍领军增援。没过几天，吐谷浑和党项又开始联合进犯唐朝河州，河州刺史卢士良奋力抵抗，打退敌军。盛夏，柴绍带领大军行至岷州，与吐谷浑主力部队作战。唐军失利，被逼进一条山谷里。吐谷浑大军占据高地，依靠有利地形，采用箭阵攻击。一时间，利箭漫天而下，唐军在谷底毫无招架之力，几乎所有人都面如土色。柴绍处变不惊，镇静自若地坐在一隅，使两位貌美舞女翩翩对舞。吐谷浑大军见状纳罕不已，纷纷停下脚步想一看究竟。柴绍见吐谷浑大军放松了警惕，便趁机点派精兵强将迂回到吐谷浑大军背后，趁其不备发动进攻，歼灭敌军五百多人，反败为胜。

623年秋天，吐谷浑臣服大唐。在这场决定胜负的战役中，柴绍在重重围困的险境中，巧施妙计，利用舞女分散了吐谷浑大军的注意力，然后用障眼法出其不意地杀到敌人后方，并最终反败为胜。历史上，美女曾无数次被应用于作战计划，而像柴绍这样把美人计和障眼法结合得如此完美的较少。同年，"娘子军"的统领、柴绍的夫人平阳公主去世了。

626年初夏，柴绍带领人马讨伐胡人。此后不久，秦王李世民发动了历史上著名的玄武门之变，铲除了太子李建成和齐王李元吉，夺得了储君之位。玄武门事变后，李世民被立为皇太子。柴绍随即被任命为右卫大将军。

此时，东突厥也在不断侵扰唐朝边境，柴绍再次领兵抗击东突厥。这一年盛夏，东突厥大军

▲（唐）白瓷罐
侈口，束颈，圆肩，鼓腹，平底。釉色白中闪黄，棕眼较多，施釉不到底。

在秦州被柴绍军队打败，折兵损将千余人。同年秋，唐高祖李渊让位，唐太宗李世民继承大统。深秋，太宗封赏群臣，柴绍因功勋卓著而获封食邑一千二百户。

629年冬天，东突厥开始侵犯唐朝河西，太宗连忙调兵遣将组织反击部队。此次，太宗一共钦点了六支精锐力量，柴绍带领其中一支部队，被任命为金河道行军总管。唐军所组织的十万大军士气高涨，很快就将东突厥击溃，东突厥从此被彻底消灭了。

633年，柴绍被加封为镇军大将军，改封谯国公。638年，太宗亲自去柴府看望病入膏肓的柴绍。没过多久，柴绍就病逝了。643年，太宗选封二十四名建唐功臣，柴绍列居第十四位。

隋纪·唐纪 上　　　　唐纪 上　　　　侯君集恃宠矜功

唐纪 上
侯君集恃宠矜功

侯君集是唐初大名鼎鼎的武将，自幼就喜欢摆弄弓箭，并自恃勇猛。青年时期投奔到秦王李世民门下，因参加征战屡获功勋，逐渐得到李世民的赏识。唐朝建立后，他曾经参加剿灭吐谷浑和高昌的战役，并立下汗马功劳，为加强唐朝对西北地区的统治做出了贡献。李世民将其列为凌烟阁二十四功臣之一。

建唐有功，两征西域

侯君集投奔李世民后，屡次为其出谋划策，还是玄武门之变的主要策划者之一。李世民即位后，即提拔他为左卫将军，之后又陆续封其为潞国公、兵部尚书，待遇优厚。侯君集可谓风光一时。

634年，吐谷浑伏允可汗领军侵扰唐廓州和兰州，严重影响了河西走廊的通畅。同年秋天，大将军段志玄奉命领兵还击，将吐谷浑军队逐出了青海湖。但是到了冬天，吐谷浑卷土重来，又开始进犯凉州。唐太宗大怒，随即下令全面讨伐吐谷浑。于是，李靖奉旨挂帅，侯君集和李道宗被封为副将，领兵讨伐吐谷浑。

635年春天，唐军行至鄯州。李靖听取了侯君集的建议，兵分两路，自己亲领人马从北边把敌军通向祁连山的后路阻断；而侯君集和李道宗等则从南路追击逃窜的吐谷浑残部。李靖的北路人马推进得十分顺利；南路的侯君集和李道宗人马加速行军，终于追上了仓皇逃窜的伏允可汗，并将他的残余力量彻底击败。走投无路的伏允可汗被自己的部下杀掉了。随后，南路人马继续追杀逃散的敌兵，很快就与李靖的北路人马顺利会合了。最后，伏允可汗的儿子只好带领残余人马归降唐朝。从此，吐谷浑变成了唐朝的附属国，西北边境得到了暂时的安宁。这场战争能取得完胜，侯君集功不可没。637年，侯君集被封为陈国公，并跟长孙无忌等一样，享受世袭爵位的待遇。

638年，吐蕃松赞干布派遣使者上朝进献珍宝，请求和亲，太宗当时没有同意，于是松赞干布率领二十万人马进犯唐朝松州西境。都督韩威奉命带军反击吐蕃，却惨败而归。羌族首领则抓住时机归顺了吐蕃。于是，太宗让侯君集带领人马继续反击。同年秋天，侯君集仅仅花费一个月的

▼侯君集出征
634年，奉唐太宗之命，侯君集领兵还击侵扰西北边境的吐谷浑军队。战场上，他积极献策，骁勇善战，立下汗马功劳。

▶ 隋纪·唐纪 上　　▶▶ 唐纪 上　　▶▶ 侯君集恃宠矜功

时间，便打垮了吐蕃军队。松赞干布只好又派遣使臣前往长安请罪。

639年，高昌国王麴文泰断绝西域与中原的商业往来，太宗下诏命他上朝面圣，麴文泰托病不肯进京。同年冬天，侯君集被封为交河道行军大总管，带领几万唐军前去讨伐高昌。

640年，高昌国王麴文泰病死，他的儿子麴智盛接替了王位。侯君集则带领大军一路势如破竹，直接打到了高昌城。麴智盛带领人马出城迎战，结果惨败收兵。后来，麴智盛死守城池不肯出战。侯君集便让兵卒向城内投掷石块并借机攻城。此时，赶来增援高昌的西突厥部队慑于唐军的勇猛，不战而逃。麴智盛见回天乏术，只好大开城门投降。唐军攻陷高昌后，侯君集俘虏麴智盛及其百官，刻石记功，随后才班师回朝。侯君集在讨伐高昌的过程中，曾差人到焉耆要求协助灭高昌，焉耆王欣然允诺。后高昌被攻陷，焉耆王亲自到唐营拜会侯君集，并提出归还过去被高昌霸占的三座城池的请求。侯君集上奏唐太宗后，慷慨地把这三座城池以及被高昌掠夺的焉耆百姓全部奉还。此后，

◀（唐）筒车模型
筒车是一种自动提水工具，由水轮、竹筒、水槽等组成。常置于河边，利用水力冲击水轮，带动竹筒取水倒入水槽，再由水槽灌溉农田。

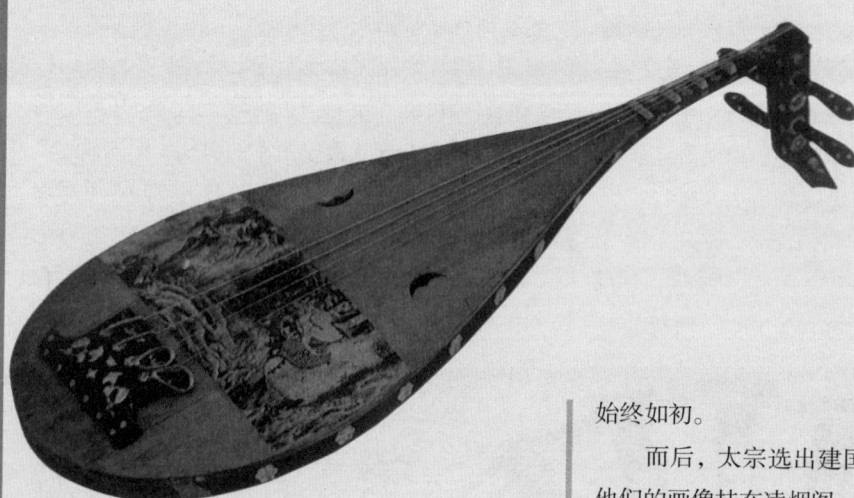

隋纪·唐纪 上　　　唐纪 上　　　侯君集恃宠矜功

(唐) 琵琶

琵琶是一种拨奏弦鸣乐器，原称"批把"，因弹奏方式而得名。4世纪，一种半梨形音箱、曲项、四弦或五弦、有四个相（品柱）的琵琶自西域传入内地。到了唐代，琵琶的发展出现了一个高峰。当时上至宫廷乐队，下至民间演唱都少不了琵琶，琵琶遂成为当时非常盛行的乐器，且在乐队中处于领奏地位。

两国关系日渐融洽。

同年秋，侯君集押解高昌王和高昌官员回朝。从此，唐朝的疆域面积又扩大了不少。

心生不满，谋反被斩

侯君集在带兵讨伐高昌国的过程中，曾经私自将一些无罪的人发配，还擅自将收缴上来的金银财宝据为己有。见主帅如此，属下士卒也开始盗取财物，而侯君集却害怕严加管制会被部下揭发自己的不端行为，于是对手下的做法不加制止。但是，这件事情最终还是败露了。唐太宗接到举报后，立刻把侯君集等人投入大牢严加审查。

后来，有很多大臣替侯君集求情，太宗才放了他。侯君集原以为自己战功显赫，回朝后能得到表彰，没想到却被投进大牢，尽管后来被放了出来，但他仍然耿耿于怀，渐起反心。

643年早春，张亮犯了一些错误，被调离京师，出任洛州都督。侯君集以为张亮遭到陷害，便极力鼓动他谋反。张亮立刻把这件事密奏给了太宗，太宗却并未对侯君集采取什么行动，对待他始终如初。

而后，太宗选出建国的二十四名功臣，并把他们的画像挂在凌烟阁，其中就有侯君集。

当时的太子李承乾时常做错事，非常害怕那些错误会影响自己的太子地位。他发觉侯君集对太宗心生不满，便极力拉拢，以帮助自己保住储位。侯君集见太子如此单纯，便千方百计撺掇他谋反，幼稚的李承乾竟然点头答应。侯君集牵扯进太子谋反的事情后，经常坐立不安。他的夫人很纳闷，开导他说："你是开国功臣，有什么心事吗？倘若做了有损于国家的事情，你应该主动请罪，保全自己。"但这时他已经难以回头了。

同年春，李承乾谋反之事败露，侯君集被投进大牢。之后，太宗召见侯君集说："我不想让别人严刑审查你，所以你自己招供吧。"侯君集开始还拒绝承认，直到太宗拿出他与太子密谋时的往来书信，他才俯首认罪。按照律法，侯君集犯的是满门抄斩的死罪，但太宗不忍心斩杀这位开国功臣，无奈当朝大臣们全都请求严惩侯君集。于是，太宗只得忍痛处死了他。侯君集被处死后，家产全部被抄收，他的夫人和孩子被放逐到岭南地区。

纵观侯君集的一生，他虽然出身平凡，却能够在时局动荡的岁月里全心全力为大唐建功立业，所以受到当权者的器重。但是他却因本性贪婪和心胸狭隘，最终把自己送上了断头台。

隋纪·唐纪 上　　唐纪 上　　薛仁贵三箭定天山

唐纪 上
薛仁贵三箭定天山

薛仁贵，名礼，字仁贵，河东道绛州人，唐初名将，著名军事家、政治家。他的祖上薛安都是南北朝时期的一员骁将，可是薛家到唐时已经家道中落了。薛仁贵自幼就文武兼修，胆识过人，参军后更是创造了"良策息干戈""三箭定天山""神勇收辽东"等军事史上的奇迹，被后人传为佳话。

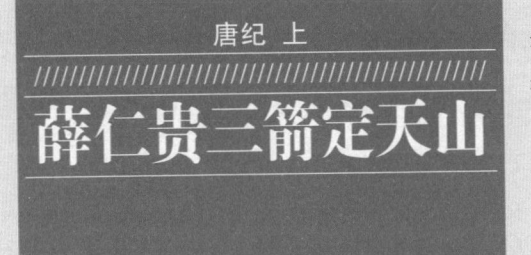

武艺超群，一鸣惊人

薛仁贵幼时家境贫寒，父亲早丧。成年后他以种田为业，并娶柳氏为妻，三十岁时才在妻子的鼓励下参军入伍。645年初，唐太宗派兵远征高句丽。在辽东安地，高句丽军包围了唐朝将领刘君邛。千钧一发之际，薛仁贵一马当先，直奔敌营，勇杀高句丽大军，并砍下高句丽将领的头颅拴在马上。敌兵见状心惊胆战，纷纷四散撤退。这样，刘君邛才得以脱险。此后，薛仁贵威名远扬。

随后，唐军连连取得大捷。到了夏天，高句丽大将高延寿和高惠真奉命带领二十余万大军抗击唐军。太宗下令各路人马分头作战。在这场战役中，薛仁贵身着白衣银甲，领兵冲进敌军阵营，左突右冲，打乱敌军阵脚。高延寿和高惠真数次号令重整队伍，但又数次被薛仁贵冲乱。最后，唐军大胜高句丽军。

两军作战时，观战的李世民注意到了勇敢的白袍猛将薛仁贵。战事一结束，李世民立刻传见薛仁贵，并擢升他为游击将军。

后来，唐军在安市城受阻。当时正值冬季，粮草军需供应困难，太宗便下令班师回朝。回到京师后，薛仁贵被提拔为右领军中郎将。

但是，此后薛仁贵并没有得到重用，只是被派往玄武门执守。

654年，唐高宗李治巡幸万年宫。一天晚上，大雨突降，引起山洪泛滥，洪水涌到玄武门。薛仁贵冒着生命危险向皇宫的方向疾呼示警，唐高宗才得以早做准备，躲过一劫。因此，唐高宗赐予他一匹御马以示嘉奖。

勇猛无敌，屡建战功

658年，程名振奉命远征高句丽，薛仁贵作为副将随行。其间，薛仁贵数次击败高句丽军队，杀敌无数。659年，薛仁贵在横山与高句丽将领温沙门展开大战，薛仁贵手握强弓，一马当先，杀入敌营，被射的人非死即伤。后来，薛仁贵在石城遇到高句丽一员射技精湛的猛将，之前已有不少唐朝将士惨死在他的弓箭之下。薛仁贵杀入敌营，开弓放箭。那员大将受伤坠马，被薛仁贵活捉回来。薛仁贵后又因在战役中立功而被擢升为左武卫将军。

661年，回纥首领比粟转与唐为敌。唐高宗命主将郑仁泰和副将薛仁贵领军反击。大军出征前，唐高宗对薛仁贵说："古代有善于射箭的人，能穿透七层铠甲，你射五层看看。"薛仁贵听令后随即摆开架势，开弓放箭，箭随弦声呼啸而去，五甲已然洞穿。唐高宗非常惊讶，连忙下令重赏薛仁贵。

郑仁泰和薛仁贵带领人马抵达天山后，遇到九姓铁勒十多万大军的抵抗，另有几十名善战骑兵前来挑衅。薛仁贵在阵前连续射出三箭，三名来挑战的骑兵应声倒地，其他挑战者受到震慑，

隋纪·唐纪 上　　唐纪 上　　薛仁贵三箭定天山

纷纷下马投降。薛仁贵趁势反攻，力挫九姓铁勒并坑杀降卒。然后，薛仁贵继续勇追穷寇，活捉铁勒大军将领。薛仁贵凯旋后，唐军中到处传唱："将军三箭定天山，壮士长歌入汉关。"此后，九姓铁勒势力逐渐衰落，再也没有能力进犯唐朝边境了。

666年，高句丽国内发生动乱，高句丽执政者差人到唐朝求援。高宗下令薛仁贵和李勣兵分两路攻打高句丽。经过一番鏖战，唐军成功收服高句丽。战争结束后，薛仁贵奉命以检校安东都护的身份带领两万兵力驻守平壤。此后，薛仁贵大力安抚民心，整顿治安，发展生产，任用贤良，使高句丽百姓过上了稳定的生活。

没过多久，高句丽国内有人兴兵反唐，高宗下令薛仁贵带领重兵平定叛乱。薛仁贵晚年时，吐蕃势力向北扩张，突厥也开始进犯唐朝。于是，高宗命薛仁贵带兵平定边疆。突厥听说领军将领是薛仁贵，立刻仓皇撤退。薛仁贵紧追不舍，大败突厥。

683年，七十岁的薛仁贵辞世。他为唐初安定边境建立了不朽功勋，但他曾纵容兵卒抢劫掠夺，又坑杀降卒，这些事被后人诟病。

▼唐军大战高句丽军

少年读全景
资治通鉴故事5

隋纪·唐纪 上　　　唐纪 上　　　苏定方定国安边

唐纪 上
苏定方定国安边

苏定方，名烈，字定方，唐冀州武邑（今河北武邑）人。唐初被朝廷起用，曾先后跟随李靖、程知节等四处征战，最终成长为能够独当一面的骁将。曾组织策划多场重大战役，为唐朝稳定边境局势立下了汗马功劳。

随父护乡，入唐为将

隋朝末年，天下动荡不安，偷盗抢劫事件频发，苏定方的父亲苏邕组织了几千名家乡父老共同抗击流寇，守护家园。苏定方少怀大志，十几岁时就跟随父亲作战，常一马当先，杀入敌阵。在父亲去世后，他继续抵御流寇。后来，苏定方先后成为窦建德和刘黑闼的大将。二人被李世民消灭以后，苏定方归隐故乡。

唐太宗即位以后，苏定方被起用，奉命随同李靖回击东突厥。苏定方带领二百名骑兵充当先锋，径直杀入东突厥首领颉利可汗的大帐，颉利可汗落荒而逃。苏定方歼灭百名突厥兵将后，其他大部分敌兵纷纷降服。凯旋后的苏定方被封为左武候中郎将。

唐高宗时，苏定方奉命随同大将程知节讨伐侵扰大唐边境的西突厥阿史那贺鲁。对地形生疏的唐军被阿史那贺鲁带领的两万大军围困。关键时刻，苏定方带领五百精兵绕到敌军的背后，突然发动猛烈攻击，结果西突厥大军溃败，伤亡惨重。时任副总管的王文度嫉妒苏定方的功勋，便想方设法制止唐军继续追击敌军。他对程知节说："虽然现在突厥被打退了，但我们也元气大伤，所以我们现在应该巩固战绩，养精蓄锐，等突厥再来进犯，我们定能迎头痛击，大获全胜。"苏定方闻知此事，立刻劝告程知节乘胜追击，但程知节并没有采纳他的建议。

在行军的路上，有很多西突厥兵卒前来投诚。王文度撺掇程知节杀掉降兵敛取财物，苏定方极力反对这种提议，无奈程知节却默许了王文度的提议。唐军大肆杀戮降兵并私分了他们的财物。大军回到京师以后，私吞财物一事东窗事发，结果，王文度被贬为平民，程知节被罢官，而苏定方则被擢升为伊丽

◀（唐）龟负论语玉烛酒筹鎏金银筒
此筹筒出土于镇江市丹徒区丁卯桥附近的一座唐代银器窖藏，是一件专门用来装盛酒令筹的器物。该器呈龟驮圆筒状，宛若龟背竖立一根粗壮的蜡烛。筒上有盖，盖钮呈莲苞形，盖面作荷叶卷曲状。盖体周身以鱼子纹为地，饰鸿雁及卷草、流云纹。

隋纪·唐纪 上　　　唐纪 上　　　苏定方定国安边

（唐）三彩划花花卉纹碗

这只碗出土于波斯阿拔斯王朝的都城萨马拉附近，以棕红坯胎加上白色化妆土，再施以黄绿彩铅釉，是当地陶工仿照唐三彩烧制的。

道行军大总管，继续负责讨伐西突厥。

戎马一生，定国安边

657年，伊丽道行军大总管苏定方奉命带领由唐军和回纥兵组成的部队继续讨伐西突厥阿史那贺鲁。唐军在处木昆部旗开得胜，但当他们行至曳咥河时，却被贺鲁带领的十万大军团团围困。苏定方想出奇计，命步兵手握兵器占据高点，列阵把守，自己则带领骑兵在北原摆阵。西突厥连续三次都没有攻破步兵阵，而苏定方则趁机带领骑兵展开反攻，挫败了西突厥大军。随后，苏定方率领手下追敌三十里，狂斩逃兵。次日，天上下起了鹅毛大雪，苏定方说服手下将士继续追杀敌军。在双河跟南路唐军会合后，苏定方带领众将士又前行两百里，直达贺鲁的根据地，一举攻陷了西突厥的大本营，击败数万人。后来，苏定方派出一支精锐部队继续追杀仓皇逃命的贺鲁父子，没过多久，唐军就活捉了阿史那贺鲁。在这场战役中，

苏定方采取了分片蚕食和重点攻击相结合的作战思想，攻守结合，适时跟进，一鼓作气，终于打垮西突厥的势力。回京城后，功勋卓著的苏定方被升为左骁卫大将军，封为邢国公。

659年，西域思结部酋长联合疏勒等三国兴兵叛唐。唐高宗得知此事后，勃然大怒，立即封苏定方为安抚大使，命他领兵前去平定叛乱。这次，苏定方只带领一万精兵和三千轻骑，昼夜不停疾驰三百里，飞速赶赴叛军营地。叛军头目没料到朝廷这么快就派兵抵达，军中立刻变得混乱不堪。苏定方抓住机会展开进攻，惊慌失措的敌军四散逃命。苏定方领兵追杀，将敌军团团围住。走投无路的叛军只好缴械投降，被苏定方押回京城。从此，苏定方威名远扬。

660年春天，唐朝属国新罗受到百济的侵扰，濒临灭国险境，新罗王派人向唐高宗求援。高宗封苏定方为唐军大元帅，命他带领十万大军讨伐百济。苏定方将队伍分水、陆两军同时向百济进发。行至熊津江口时，正遇百济大军前来，苏定方从东岸出兵，依山摆阵，与百济军交战。百济军大败，阵亡数千人，余众溃散。然后，唐军一路勇追敌寇，一直打到百济的首都。百济国王发动全国力量奋力抗击，但依然无法抵抗来势凶猛的唐军，最后不得不选择退守城中。百济人还没来得及关紧城门，紧随其后的唐军已汹涌而入，守城的士卒被迫纷纷缴械投降。百济国王见大势已去，也不得不表示臣服。

667年，七十六岁的苏定方因病辞世。高宗下令追赐他为左骁卫大将军、幽州都督。苏定方一生戎马，为平定唐朝边患做出了卓越贡献，堪称唐初的一员良将。

隋纪·唐纪 上　　　唐纪 上　　　药王孙思邈

唐纪 上
药王孙思邈

孙思邈，京兆华原（今陕西铜川）人，唐代著名的医学家、药物学家，有"药王"之誉。他自幼聪慧过人，博览群书，成年后知识广博，学名远播，自谓"幼遭风冷，屡造医门，汤药之资，罄尽家产"，因而潜心研究医术，终成一代名医。他特别重视医德，其医德、医术都堪称一流。另外，他的医学名著《千金要方》在我国医学发展史上也占有十分重要的地位。

妙手回春，医德高尚

孙思邈自幼聪明过人，勤奋好学，七岁时读书，每天可背诵上千字的文章，人称圣童。他二十岁时，已通晓诸子百家的学说，学识极为广博。朝廷多次请他入朝为官，都被他婉言拒绝。他因幼年体弱多病而立志从医，经过刻苦的研究和实践，掌握了十分精湛的医术。后来，他隐居太白山（今陕西境内），一心行医及研究医学理论，曾为很多人治病。

一天，孙思邈外出行医，遇到一列送葬的队伍。他在路边观看一番后，立即上前按住棺材。送葬的人以为他是疯子，就赶他走。他说："人还没有死，你们想将里面的人闷死吗？"大家不相信他的话。孙思邈又说："人

▲（唐）《舞乐屏风图》
出土于新疆吐鲁番阿斯塔那张礼臣墓。舞伎挽高髻，额描雄形花钿，红裙曳地，足穿重台履。线条流畅，描绘精细。这是目前我国最早有确切年代、在绢上描绘妇女生活场景的作品。

死了以后，血会凝固。可现在棺材底下有血渗出，说明人还没死。"人们朝下一看，果真看见棺材下有血流出，于是立即打开棺盖请他察看。棺材打开后，只见里面的妇人面色蜡黄，小腹凸出，正在流血。

这时，一男子大哭着说："我与夫人成亲十年，她始终没有生育。这次怀胎已经快一年，昨天要临产时却死了。"孙思邈对病人进行仔细地诊察后，拿出三根银针，一根刺入人中穴，一根刺入中脘穴，另一根刺入中极穴。三针扎下去不久，孕妇就醒了过来。人们见状，十分惊异，都称孙思邈是神仙转世，并纷纷磕头拜谢。

孙思邈送给她一副药和一张图，并嘱咐那个男子道："快把她抬回家，服下这副药，再按图所示接生，母子一定都平安。"不出所料，孕妇回去后不久就顺利地生下一个男婴。

孙思邈不仅为百姓治病，还十分注重医德。孙思邈认为人命尊贵，胜于千金，若能救人一命，是很大的功德。所以，他经常出外行医，为老百姓治病。

孙思邈行医以救死扶伤为己任，对病人负责，并心存怜悯。他提出"大医精诚"，强调医生不仅要医术精湛，还要以至诚之心为病人治病。他还提倡医生在为人治病时要高度负责，不

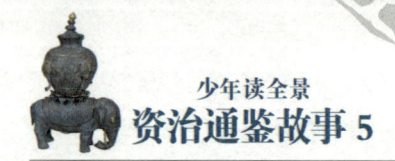

论病人贫富贵贱，都要同等对待；在治疗中要一心救治，不能炫耀自己的才能，贪图名利。对这些准则，他历来都亲自践行。有一个时期，他曾接连治愈了六百多个麻风病人。他医德高尚，堪称后世医者的楷模。

孙思邈还坚守"辨证施治"的行医原则。在他看来，假如人善于养生护体，就可以免于疾病的侵袭；而在面对疾病之时，只要"良医导之以药石，救之以针剂"，则"形体有可愈之疾，天地有可消之灾"。

勤于笔耕，著述颇丰

孙思邈见闻广博，医术精湛，是名副其实的"药王"。

他的著作《千金要方》共三十卷，内容丰富。书中共分医学总论、妇人、少小婴孺、七窍、诸风、脚气、伤寒、内脏、痈疽、解毒、备急诸方、食治、平脉、针灸等二百余门，其中收药方五千三百首。

这本书将张仲景的伤寒论学说加以发展，是唐以前医学药方的集大成之作。在诊断学上，它提高了人们对疾病的认识水平；在治疗学上，它开创了新的医学疗法；在药物学上，它要求人们重视药材的质量及药物的栽培、采集、配制和保存；在妇幼保健方面，它首次提出妇幼独立设科，为小儿、妇产的分科奠定了基础；在针灸方面，绘制彩色三人明堂图，首创了孔穴主对法，并提倡阿是穴法及同身寸法，促进了针灸的发展，完善了养生长寿理论。

《千金翼方》是对《千金要方》的补编，其书名含有与《千金要方》相辅相成、并驾齐驱之意。此书共三十卷，收录了唐以前的医学著作中所没有收录的药物，还增记了很多方剂和治疗技术，

并首次收载了八百多种药物。书中还收集了大量的医药材料，并总结了唐代以前的医药成就，对学习、研究我国的传统医学具有极其重要的参考价值。此书不仅在国内具有极深广的影响，还蜚声海外，远传到朝鲜、日本等国家。

孙思邈将其一生的知识都浓缩在《千金要方》和《千金翼方》中。他广泛搜集民间药方，认真总结临床实践经验及前代医学理论，著成这两本书，总结了从上古至唐代的医疗经验和药物学知识，在对我国传统医学的传承与发展上功不可没。他本人也因功绩卓著而受到世人的称赞，被誉为"名魁大医""一代药王"。

▲（唐）陶俑头
辽宁朝阳中山营子唐墓出土。中山营子唐墓因早年被人破坏，发现时随葬陶俑已残缺不全。这件俑头雕塑精细，栩栩如生，代表了唐代陶塑家精深的艺术造诣。

隋纪·唐纪 上　　　唐纪 上　　　唐高宗懦弱失权

唐纪 上
唐高宗懦弱失权

唐高宗李治，字为善，是唐太宗李世民的第九子，为长孙皇后和李世民所生。李治心地善良，宅心仁厚，但性格怯懦，才能有限。他在位前期，政事交由长孙无忌、褚遂良处理，后期则宠信皇后武氏，使得大权旁落，武周取代李唐，这一点也是他一直为后世史家所诟病的地方。

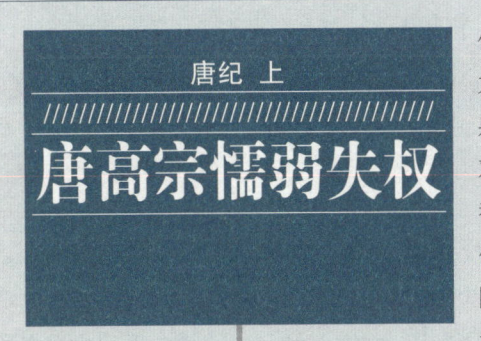

生性懦弱，被扶为君

长孙皇后共育有三子，长子和次子都曾经被立为太子，但后来都因种种原因被废掉了。太宗认为李治天性柔弱，恐怕难以守住天下，本来打算另立他人，但在长孙无忌的劝说下，还是立了李治为太子，当时李治刚好十七岁。

李治成为皇太子以后，太宗就开始悉心培养

▼乾陵
乾陵是中国乃至世界上独一无二的一座两朝帝王（一对夫妻皇帝）合葬陵，是唐代帝王"因山为陵"葬制的典范。神道两侧矗立有石翁仲（陵墓前石雕的人像）。

他。曾经在战场上骁勇无比的太宗最先传授给李治的是骑射功夫。但是李治身体羸弱，对这些打打杀杀的技能一点都不感兴趣。于是，太宗便让他跟随太师、太傅学习文治。除此之外，每次上朝时，太宗都让李治陪坐在一侧，希望他耳濡目染，能学到一些治理天下的经验。

太宗远征辽东时，太子李治奉命留守代理政务。远征辽东失败以后，太宗回到京师忽然一病不起，李治陪伴在病床左右尽孝，太宗大受感动。

649年，太宗病重，他临死前召集太尉长孙无忌、中书令褚遂良和太子李治嘱托后事。随后，李治继承大统，于650年改年号为"永徽"，那时他刚刚二十二岁。高宗执政初期比较开明，能够尊重和听取文武百官的谏言，国内一派繁华。

有一回，高宗亲自巡查监牢。他问其中一位囚犯："过去很多被判罪的人都会喊冤叫屈，可是为什么现在连死囚都不出来申冤呢？"囚犯回答说："因为唐临秉公执法，从不错判好人。"高宗听了以后感叹说："审案的官员就应该是这个样子的。"他又问唐临："现在大牢里有多少囚犯？"唐临回答说："共有五十多人，其中只有两个人是死囚。"高宗听了以后十分满意。

高宗能够非常诚恳地接受谏言。有一次，他打算冒着大雨去狩猎。出发之前，高宗问谏议大夫："如果穿着油衣就不会被淋湿了吧？"谏议大夫回答说："需用瓦遮上才不会淋雨。"言外之意就是不同意唐高宗去狩猎，免得浪费财力。高宗听到这样的回答不但不生气，反而非常高兴地表扬了谏议大夫能直言忠谏。

隋纪·唐纪 上　　唐纪 上　　唐高宗懦弱失权

迎立武后，大权旁落

高宗登基以后，立刻把武则天接回宫中并加封为昭仪。655年，高宗更是力排众议，执意废黜了王皇后，改立武则天为皇后。

从656年开始，高宗的身体出现了问题，不但时常头痛欲裂，而且视线也模糊不清。于是，高宗逐渐把朝中政事交给武皇后处理。武则天天资聪颖，熟稔文史，处理政务得心应手，深得高宗的信赖。因此，高宗很少反驳武则天的意见。

武则天得到高宗的默许后，开始着手改革唐朝的官吏制度。她把门下省改为东台，中书省改为西台，尚书省改为中台，侍中改为左相，中书令改为右相，仆射改为匡政，尚书改为太常伯，侍郎改为少常伯。

替唐高宗打理政事的时间长了，武则天渐渐掌控了实权，开始着手提携亲信，以巩固自己的实力。武则天先后任命李义府为右相，许敬宗为太子少师，同时兼东西台三品职位，掌管西台事务。正是因为有这两位亲信左右为相，武则天势力逐渐壮大，开始危及高宗的帝位。

高宗并不甘心受制，找了个机会将李义府流放到边疆。李义府遭贬使武则天心生不满，于是她加紧了对高宗的控制，严密监视高宗的一举一动。高宗对此大为恼火，便跟辅臣上官仪研究对策。上官仪提议说："皇后觊觎大权，天下人愤怒已久。不如现在就废掉她的后位，以此来稳定民心，保全社稷。"高宗立刻表示赞同，便令上官仪草拟诏书准备废后。没想到这件事情被武则天知道了，她立即跑到高宗面前哭诉，高宗不忍，又待她如初。之后，她借故诛灭了上官仪。此后，每逢上朝，武则天都垂帘听政，文武百官觐见时必须口呼"二圣"，而且所有的政事都由皇帝和皇后共同裁决。自此，唐朝政权落在了武则天的手中，而唐高宗却成了一个傀儡皇帝。

674年以后，高宗病势逐渐加重，无力处理政务，只能在寝宫休养。683年，高宗病入膏肓，眼睛失明，身体日渐羸弱，虽多方求医，但仍不见好转。最后，五十五岁的唐高宗在洛阳贞观殿驾崩。

由于高宗身体羸弱，疾病缠身，所以虽然他在位三十多年，但实际当朝处理政务的时间却很短暂，政事大多由皇后武则天主理。当然，高宗妥善地解决了辽东问题，下令制定了更加完备的《永徽律》，推动了唐律走向完善，这些政绩都是不容忽视的。

▲唐三彩骆驼载乐俑
出土于陕西西安西郊中堡村唐墓。骆驼造型雄健优美，舞俑、乐俑体态丰满，形象生动。虽经地下埋葬一千三百多年，出土时仍光彩夺目。

隋纪·唐纪上　　唐纪上　　一代女皇武则天

唐纪 上
一代女皇武则天

武则天是中国历史上唯一的一位女皇帝，"则天"是她的尊号，其闺名未见于史籍，如今已无从考证。她当政期间采取了一系列措施，使得国家安定，经济繁荣，为其后"开元盛世"的出现奠定了基础。她临终前诏令为自己立下一块无字碑——是非对错，任人评说，展现了这位杰出的女性政治家恢宏的气度。

天生丽质，深得君心

武则天祖籍并州文水，祖上曾经在北朝魏、齐和隋朝担任中下级的官职，她的父亲原本是商人，由于追随李渊建唐立功，才走上了仕途。武则天自幼天资聪颖，胆识过人。其父深感女儿不同凡响，便开始教她识文断字。据史料记载，武则天十三四岁时就已博览群书，在诗词歌赋方面出类拔萃，而且书法极好。

武则天十四岁时，凭借姣好的相貌被选入宫中做才人。进宫后，聪明灵巧、容貌出众的武则天深得唐太宗宠爱，得到武媚的封号，人称媚娘。太宗觉得武则天知识渊博，通晓礼节，便让她在御书房里侍奉笔墨。从此，武则天每天都能接触到政事公文，开始了解国家大事。而且在这里她还能读到一些民间见不到的典籍著作，不但开阔了视野，也渐渐熟知了官场的规则。

649年，太宗崩逝，武则天等部分侍奉过唐太宗的没有子女的嫔妃都被发往长安感业寺出家。唐高宗李治做太子时就已对武则天暗生情愫，所以经常去探视。两年后，高宗自作主张把武则天接回宫中。

重新入宫的武则天跟王皇后、萧淑妃等争宠夺爱，势同水火。655年，恩宠正隆的武则天在后宫斗争中取得绝对优势，便时常催促高宗册封自己为后。但皇后的废立属于国家大事，必须征得朝臣同意。高宗刚提出重立皇后的打算，就立刻遭到褚遂良、长孙无忌等一班老臣的坚决反对。他们觉得武则天出身低微，不宜封后。此时武则天的心腹许敬忠和李义府等人却极力拥护她为后。最终，高宗于当年废掉王皇后，改立武则天为皇后。从此，武则天独揽后宫大权。

▶武则天像
武则天（624~705），中国历史上唯一的女皇帝。武则天前后执政近半个世纪，上承"贞观之治"，下启"开元盛世"，史称其统治有"贞观遗风"。她是我国封建时代的一位杰出的女政治家。

少年读全景 资治通鉴故事 5

▶▶ 隋纪·唐纪 上 　▶▶ 唐纪 上 　▶▶ 一代女皇武则天

▲（唐）鎏金鹦鹉纹提梁罐
银罐锤击成型，花纹平錾。口部微侈，罐体圆鼓，圈足外撇，有盖，盖大于罐口一周，呈折沿、浅腹之覆碗形，顶部有圈足状提钮，肩部对称处各有一葫芦形耳，上接提梁。通体鱼子纹地，腹部分饰一鹦鹉和鸳鸯，鹦鹉展翅欲飞，鸳鸯隐于花丛，外各饰一环状折枝花，组成圆形图案，四角填饰花叶纹，盖上饰石榴、葡萄以及忍冬蔓草纹，颈部饰一周海棠花，四瓣与两瓣相间排列，足部饰四出海棠花瓣一周。

荣登后位，垂帘听政

　　武则天登上后位以后，其"通文史，多权谋"的特长得到了淋漓尽致的发挥，使原本就对她宠爱至极的高宗刮目相看。武则天依仗高宗宠幸，涉足政事。655年到659年期间，武则天千方百计排除异己。她先是煽动高宗罢免尚书右仆射褚遂良，然后又与高宗达成共识，贬黜同中书门下长孙无忌，逼迫其自缢身亡。接下来，武则天逐个打击朝中褚遂良、长孙无忌的拥护者，逐步铲除涉政

道路上的绊脚石。

　　武则天裁夺政事不像高宗那样优柔寡断，高宗虽对武则天的独断专行不满，但处理国事时又离不开她的帮助。后来，武则天不甘居于幕后，而是公然与高宗同堂坐殿，接受百官朝拜。674年，高宗改号"天皇"，武则天号称"天后"，被世人并称为二圣。唐高宗成了名副其实的傀儡皇帝。

　　从674年武则天被尊称为"天后"公然执政，到690年自封为帝之前，武则天在这十六年中为了登基称帝煞费苦心。当时高宗按照惯例想把皇位传给长子李弘，心狠手辣的武则天不顾骨肉亲情，立刻毒杀了李弘，然后把次子李贤立为太子。高宗命李贤处理一些国事，李贤完成得非常出色。但是不久，武则天就借故把李贤贬为庶人，然后改立三子李显为太子。683年末，唐高宗驾崩，唐中宗李显即位，武则天以皇太后的身份当朝摄政。转年二月，武则天将中宗改封为庐陵王，拥立四子李旦为帝，即唐睿宗。李显和李旦没有什么雄才大略，执政期间事事听从武则天的安排。

废唐建周，一代女皇

　　690年，武则天感觉称帝时机成熟，便让佛僧法明大造舆论，声称武后乃弥勒佛转世，当称天子。然后编排了一出唐睿宗带领六万臣民请求武后改号登基的闹剧。最后，她顺理成章地按照"上天的指示"和"民众的心愿"登基称帝。称帝后，武则天改国号为"周"，改东都洛阳为神都，自封为"圣神皇帝"，将睿宗贬为皇嗣。

　　武则天虽然狠毒，执政期间重用酷吏，并坚持用强硬的手腕治理天下，但在治国上也有很多积极的作为。例如，大兴科举，重用人才；鼓励农耕，发展经济。在她执政期间，社会安定，经济繁荣，这些为其后的"开元盛世"奠定了基础。

| 隋纪·唐纪 上 | 唐纪 上 | 李敬业讨伐武后 |

唐纪 上
李敬业讨伐武后

李敬业是唐初名将李勣的孙子,在李勣去世以后承袭了祖父英国公的爵位。武则天专权时,大肆打击支持李唐皇族的政治势力,许多人都十分害怕。李敬业为了自保、扬名,自封为扬州司马,高高举起了反对武氏专权的大旗。

武则天专权后,肆意残杀唐室皇族,强力打压朝内拥护李唐的势力。很多李唐皇室的忠实拥护者都盼望推翻武氏政权,复兴大唐。

恰在此时,李敬业遭到武则天的贬黜。于是,心怀不满的李敬业毅然决定兴兵反抗武则天的统治。

胆大勇猛,举兵反武

李敬业出身将门,自幼胆量过人,勇猛豪爽。唐高宗执政时,南方的少数民族聚众行抢,官府军队征剿失败,李敬业以刺史的身份奉命前去处理。当地官府在城外列队迎接新刺史,李敬业却让他们自行散去,自己一个人前往州府。匪寇得知新刺史上任,便加紧守备以防遭袭。而李敬业到任后,并没有马上过问匪寇的事情,而是在处理完其他的公务后,才询问匪寇们的踪迹。在得知匪寇们都聚集在南岸后,李敬业便亲领几名佐吏渡过河去。众人见他行事如此大胆,十分惊讶。

匪寇们最开始全副武装准备迎战,但发现李敬业身单力薄渡河而来,便退回营内躲藏起来。登岸后,李敬业直接走进营内大声宣告:"朝廷知道你们是被贪官污吏逼迫的,并非罪恶滔天。你们赶快回家务农吧,再不散去,就要以盗贼论处了!"随后李敬业命人把匪首叫到面前,谴责他不及早归降政府,只令手下杖责几十下,就差人将其送走了。此后,州内治安大为改善。

英国公李勣听说孙子李敬业如此胆大,对他的行为大加赞叹,然而也不无忧虑地说:"就算是我也不敢这样冒险行事。恐怕这个孩子将来要使家族遭祸啊!"

谋略有限,兵败遭杀

684年早春,皇太后武则天把唐中宗李显废贬为庐陵王,改拥豫王李旦(即唐睿宗)登基,却不准唐睿宗参商政事。当时,朝中武氏家族一手遮天,皇族和老臣全都人心惶惶。于是,李敬业等人打着恢复中宗李显帝位的名号,于当年秋天在扬州兴兵起义。李敬业自封为匡复府上将,兼领扬

▼(唐)月魄镜
该镜呈八瓣菱花形,背面正中有龟形钮。镜背饰有舞姿曼妙的嫦娥、茂盛的桂树和拿着白杵捣药的玉兔图案,间饰云纹,镜缘则以卷云与花枝、蝴蝶纹间隔排列,非常典雅。

隋纪·唐纪 上　　唐纪 上　　李敬业讨伐武后

▲（唐）三彩罐
辽宁辽阳西北郊唐韩贞墓出土。这件三彩罐粉色陶胎，挂釉以绿色为主，堆塑纹饰则施以黄、白、蓝等色。体形厚重，色彩鲜艳匀净，在唐三彩中属于上品。

州大都督。

随后，李敬业下令打开官库，释放罪犯，很快就召集了十多万的兵力。然后，李敬业向各个州县发布讨伐武氏的檄书，得到楚州司马李崇福所统辖的山阳县、盐城县、安宜县的响应，只有把守盱眙的刘行举没有响应。随后，李敬业命大将尉迟昭攻打刘行举。

武则天得知李敬业兴兵反抗后，便与宰相裴炎协商对策。裴炎说："现在皇上已经长大了，只要让皇上管理朝政，李敬业就没有理由兴兵反抗了。"武则天觉得裴炎跟李敬业的想法一样，都反对她掌管政权，便诛杀了裴炎。随后，武则天命唐朝宗室李孝逸带领三十万大军前去剿灭李敬业。

李敬业手下的谋臣魏思温主张直接攻取洛阳。而原监察御史薛仲璋则建议先拿下常、润两地作为大本营，随后再北上占取中原。李敬业采纳了薛仲璋的建议，命唐之奇留守江都，自己则带领大队人马渡过长江，夺得润州，擒获了刺史李

隋纪·唐纪 上　　　唐纪 上　　　李敬业讨伐武后

思文，并斩杀了前来支援润州的曲阿令尹元贞。之后，李敬业得知李孝逸的部队快要打过来，便迅速撤军，在高邮的阿溪屯兵驻守。后命徐敬猷带领人马逼近淮阴，命韦超、尉迟昭在盱眙东南的都梁山上排兵布阵，提防朝廷军队的袭击。

李孝逸抵达临淮后，由于手下部将雷仁智战败，所以不敢继续前进，后来经过魏元忠等大力劝说，李孝逸才又领兵攻打都梁，并斩杀了尉迟昭。尉迟昭死后，韦超依然死守都梁。

入冬，武则天封左鹰扬大将军黑齿常之为江南道大总管，负责支援李孝逸。得获援军的李孝逸听取魏元忠等人建议，先消灭敌方弱旅，后攻克其精锐部队，迅速攻陷都梁。韦超连夜逃跑。

李孝逸随即开始进攻淮阴，徐敬猷溃败。李孝逸乘势攻取高邮，李敬业立即带领人马固守阿溪。李孝逸的部将苏孝祥趁着夜色带领五千兵卒渡江突袭李敬业，却不幸失败阵亡，手下兵卒大多数被水淹死。此后，李孝逸接连几次攻打李敬业均告失败，便萌生了撤军的念头。而魏元忠等觉得天干物燥且风向有利，比较适合火攻，便坚决请战。

两军对垒，李敬业严阵以待，但因候战太久，士兵筋疲力尽，所以阵形有些松懈。李孝逸见敌军士气锐减，当即下令放火，火借风势，迅速烧遍了李敬业的大营。李敬业大军见大火烧来，措手不及，纷纷逃散。李孝逸随即引兵偷袭。李敬业大军顿时溃不成军，七千兵卒被斩、淹死的人不计其数。李敬业带领轻骑逃到江都，打算带领家眷从润州转海路逃往辽东。李孝逸立即追到江都，命各路大将分头追杀。结果逃到海陵的李敬业被其部下斩杀，而徐敬猷、骆宾王、唐之奇、魏思温等也遭剿杀。这样，扬州、润州和楚州的叛乱最终被镇压了。

李敬业刚刚兴兵，武则天就立刻发兵剿伐，阻止了叛乱的扩散。所以，从李敬业兴兵到最终兵败身亡，前后一共不到四十天。

尽管李敬业刚刚兴兵时轰轰烈烈，但是支持他的人并不多。而且李敬业在战略战术安排上存在严重的失误，他既要应付李孝逸的部队，又要分出兵力去攻打常州、润州，难免有些力不从心。所以，他最后溃败而亡的结局也是不难预料的。

▲（唐）虎头雁柄尊
此尊器型制周正，虎头雁柄，制作工艺精湛。

唐纪 上
酷吏来俊臣

武则天专权时，为了排除异己，打击李唐皇族的势力，大肆重用酷吏，以加强统治。她鼓励官员之间相互揭发，并对告密者大行封赏，加官晋爵。在武则天宠信的众多酷吏中，最凶残歹毒的非来俊臣莫属。

市井无赖，攀诬武后

来俊臣是雍州万年人。他的父亲来操嗜赌成性，经常跟同乡蔡本凑在一起豪赌。有一次，蔡本输给来操数十万钱，因没有钱偿还，就把自己的老婆送给来操抵偿赌债。蔡本的老婆到了来家以后，为来操生下一个儿子，这个孩子就是来俊臣。

来俊臣天性残暴，乖张暴戾，而且整天游手好闲，惹是生非。后来，他游荡到和州，偷鸡摸狗，抢人掠货，做尽了坏事。被官府捉住后，他又巧言诡辩，百般抵赖。和州刺史东平王李续几次审查来俊臣，均无结果，最后只好打了他一百杖，放他出狱。没料到来俊臣经历的这次牢狱之苦，竟然成了他踏入官场的基石。

武则天称帝以后，东平王李续被列入武则天要铲除的李唐皇族名单中。来俊臣趁机叫苦喊冤，声称自己因为揭发东平王谋反而遭到迫害。武则天下旨召见来俊臣并赏赐了他。后来，来俊臣慢慢地爬到了侍御史的位置上，专门掌管审讯朝廷钦犯。

利用私权，残杀无辜

武则天平息了李敬业的叛乱以后，便决心把所有反对她的李唐皇族和朝臣统统铲除。

于是，武则天下令，号召全国积极揭发谋反者。所有官吏百姓，皆可自由揭发。地方官吏不准私自审问告密者，而应为告密者准备车马干粮，并派遣专人把他们护送到太后行宫，由武则天自己来讯问。倘若揭发的事件属实，告密者立刻飞黄腾达；倘若查无此事，也不以诬告论罪。当时，负责查证这些揭发事件真伪的官吏正是来俊臣，他利用职权打击跟他持不同政见的官员，经他捏造罪名而被诬陷杀害的官吏达一千多人。

691年，来俊臣爬到了左台御史中丞的位置上。这样一来，他更加肆无忌惮，同侍御史侯思止、王弘义、郭霸等酷吏沆瀣一气，陷害忠良，致使当朝官员人人自危，彼此见面都不敢多加交谈，只能以眼神互相打招呼。

◀（唐）陶武士俑
此为唐武士俑，双腿叉开站立，身穿铠甲，前胸置护甲，腰间束带，怒目圆睁，左手叉腰，右手握拳，表现出了唐代武士威猛健武的形象。

少年读全景
资治通鉴故事 5

▶▶ 隋纪·唐纪 上　　▶▶ 唐纪 上　　▶▶ 酷吏来俊臣

作孽太多，恶人遭诛

武则天的身边有一个宠臣周兴，跟来俊臣一样，也是专门通过揭发检举来陷害忠良的酷吏。这些酷吏的手下都有几百名专门从事告密的特务，只要他们认定谁想谋反，就安排人在不同的地方同时揭发，以此来伪造证据。更荒唐的是，来俊臣还特地编写了一篇《告密罗织经》，传习编造罪状的经验。

周兴和来俊臣为了所谓的"查案"，千方百计制造各种各样的刑具。只要有人落在他们手中，他们就用各种恐怖的刑具折磨"谋反者"，"谋反者"忍受不了严酷的迫害，只好违心认罪。周兴和来俊臣就这样陆续冤杀了几千人。

有一个非常公正刚直的大臣曾经劝告武则天，说现在所审定的案件大部分是严刑逼供的冤案和假案，这只会离间君臣的关系。但是武则天哪里听得进这些忠言。于是，胡乱揭发告密的歪风日盛。

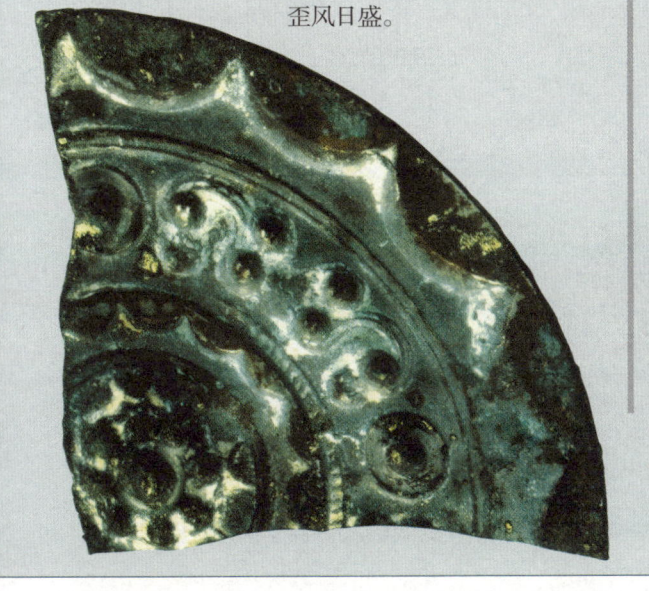

◀请君入瓮
武则天统治的前期，重用酷吏，严厉打击反对她的元老重臣，并笼络培养自己的耳目。请君入瓮的故事便发生在这样的政治背景下。

有一次，武则天得到密告，说周兴跟已经被处死的丘神勣曾经共同密谋造反。武则天非常惊讶，立即给来俊臣下了密旨，命他查清这件事。

巧的是，当官宦到来俊臣家下达密旨时，周兴正在来俊臣家中宴饮议事。来俊臣接完密旨后，便收起圣旨，回到桌前跟周兴继续谈笑风生。

席间，来俊臣问："这几天抓了几个嫌犯，但都不愿认罪，这该怎么办呢？"

周兴笑着回答："这个简单！我这几天研究了一个新方法，先点一堆火，把一个大瓮架在火堆上。有谁不认罪，就把他扔进大瓮里。难道还担心他不认罪吗？"

来俊臣赞叹说："这真是个好办法。"于是，他命人去搬来一只大瓮和一盆炭火，然后把瓮架在火上。炭火把大厅里烤得热浪滚滚，所有人都汗流浃背。

来俊臣站起来严肃地说："我接到太后密旨，有人揭发你意图造反。倘若你现在不认罪，那么，就只有请你进瓮里去了。"

周兴听了以后，立刻被吓得魂飞魄散。周兴

◀（唐）铜镜残片
新疆吐鲁番交河故城沟西墓出土。原器为圆形，凸花纹，镜面平滑。

少年读全景 资治通鉴故事 5

▶▶ 隋纪·唐纪 上　　▶▶ 唐纪 上　　▶▶ 酷吏来俊臣

深知来俊臣的手法毒辣，无奈只好下跪求饶，表示甘愿认罪。来俊臣录下了周兴的口供后，就判周兴为死罪，并呈报武则天。

武则天念及周兴曾经为自己出过不少力，而且也不太相信周兴真的想造反，便赦免了周兴的死罪，改为免职流放。

无奈周兴作孽太多，结了很多的冤家，还没到达流放地就被人杀掉了。而来俊臣则继续受到武则天的重用，又做了五六年栽赃诽谤的恶事，害死了无数的无辜官员和平民，甚至连宰相狄仁杰也险些冤死在他的手里。

来俊臣的野心开始急剧膨胀，竟然企图独霸朝权。他觉得武则天的侄子武三思和女儿太平公主的实力太过庞大，便打算诬告他们以削弱其势力。但是，还没等来俊臣下手，武三思和太平公主就先发制人，抢先揭发来俊臣陷害忠良、严刑逼供的恶行。武则天仍想袒护来俊臣，但眼见来俊臣树敌太多，只好下令将他正法。来俊臣得势期间，滥用手中职权，肆意谋害忠良，最后不得善终，实属恶人有恶报。

◀（唐）捧真身菩萨
出土于法门寺地宫中室，是唐懿宗咸通十二年（871）其三十九岁生日时为供养佛指舍利而制作的。通体为带束腰、胡跪于覆莲座上、双手捧一发愿文匾的菩萨。

隋纪·唐纪 上　　　唐纪 上　　　护国良相狄仁杰

唐纪 上
护国良相狄仁杰

狄仁杰，字怀英，并州太原人，是唐代杰出的政治家，官至宰相。他为官时勤于政事，爱民如子，在武则天执政期间，多次匡正其弊政，并因正直敢言而得到她的赏识。武则天尊狄仁杰为"国老"，在他去世后曾哭道："朝堂空也"。在上承贞观之治、下启开元盛世的武则天时代，狄仁杰辅国安邦，政绩卓著，为恢复李唐政权建立了不朽的功勋。

刚正廉明，犯颜死谏

狄仁杰出身于官宦世家，他的祖父狄孝绪曾在唐太宗时期位至尚书左丞，父亲狄知逊曾任夔州长史。狄仁杰从小喜爱读书，顺利地通过科举考试走进了官场。但狄仁杰刚刚上任就遭人污蔑，当时的大画家阎立本奉命审理他的案件。阎立本在查清案件的同时，发觉狄仁杰是一个品德才能俱佳的人才，乃"海曲之明珠，东南之遗宝"，便举荐他为并州都督府法曹。狄仁杰在任期间学习和掌握了朝廷的一些礼法典制和规章制度，对做官有了一些基本的认识。

676年，狄仁杰升迁为大理寺丞，他刚正不阿，秉公办事，解决了很多积压多年的疑难案件，而且凡是他经办审理的案子，从没有人喊冤叫屈。从此，狄仁杰威名远扬，成为朝廷上下公认的清官。

狄仁杰还因敢于冒死直谏而闻名。676年春天，武卫大将军权善才不小心砍掉了昭陵的柏树，唐高宗因此大发雷霆，下令处死权善才。狄仁杰谏言说罪不至死，高宗气愤地说："权善才砍伐皇陵林木，置我于不孝，必须处死！"狄仁杰依法辩理，最终说服高宗免了权善才的死罪。

没过多久，高宗提拔狄仁杰为侍御史，主要职责是审查案件、举发弹劾文武朝臣。狄仁杰就任期间恪尽职守，纠劾了一批溜须拍马、滥用私权的官吏。

679年，大臣韦弘机兴建了豪华气派的宿羽、高山、上阳等宫殿。狄仁杰上表弹劾韦弘机诱导皇族追求奢靡，因此，韦弘机被免除了官职。左司郎中王本立倚仗皇帝的赏识肆意胡为，朝廷内外都对他忌讳三分，不敢议论。狄仁杰却毫不畏惧，向朝廷检举他品行不端，要求朝廷法办。高宗想要网开一面赦免王本立，狄仁杰据理力争，强

◀狄仁杰像

狄仁杰，字怀英，事唐高宗与武则天两朝。为官清正廉洁，不畏权势，居庙堂之上，而始终以民为忧，被后人称为"唐室砥柱"。

| 隋纪·唐纪 上 | 唐纪 上 | 护国良相狄仁杰 |

烈要求依法处置，最后王本立被依法惩罚。

有一次，高宗打算临幸汾阳宫，便命狄仁杰先去安排路途上的食宿之地。这时，并州长史李冲玄已经征集了几万人开始修筑御道。狄仁杰觉得修筑御道没有什么意义，而且浪费人力物力，便急令停工，从而减免了并州几万人的劳役负担。高宗听说此事以后，对狄仁杰称赞不已。

清正惠民，被诬遭贬

686年，狄仁杰外放宁州刺史。宁州居住着很多少数民族。狄仁杰注重缓和各民族之间的矛盾，宁州地区民族因此和睦，呈现出一片和谐。当地人民为了歌颂他的功德，特地为他修建了石碑。687年，狄仁杰升迁为冬官侍郎。688年，充任江南巡抚使。狄仁杰见到吴、楚两地有滥修祠堂的陋习，便请旨毁掉了一千七百多座祠堂，并下令未经官府准许，不得滥修祠堂，由此大大减轻了老百姓的负担。

同年，武则天镇压了琅玡王李冲和越王李贞的造反后，命狄仁杰担任豫州刺史。当时，越王余党两千多人论罪当死。狄仁杰知道这里面有很多都是被逼无奈才在越王手下谋事的，他便奏请武则天从轻发落。武则天采纳了狄仁杰的谏言，赦免了这批犯人的死罪，改为流放边疆。这样做不但稳定了民心，还使豫州的形势趋于缓和。

在平定越王李贞叛乱的过程中，立功的宰相张光辅居功自傲，肆意向狄仁杰索要钱财。狄仁杰不但没有满足张光辅的无理要求，反而强烈谴责他为了邀功请赏而滥杀俘虏的可耻行为。理屈词穷的张光辅记恨在心，回朝后立刻在武则天面前诬陷狄仁杰诽谤朝廷。于是，狄仁杰被贬黜为复州刺史。尽管狄仁杰遭受贬职，但他的才能已经深得武则天的赏识。691年秋天，狄仁杰被提拔为地官侍郎，同时领凤阁鸾台平章事，晋升为相。狄仁杰高居相位以后，依然谨慎行事，严于律己。

狄仁杰官拜相位参商国事的时期，正是武则天执政最顺利的时期。武承嗣担心狄仁杰将来会反对册封自己为皇嗣，便联合酷吏诬陷狄仁杰等人意图造反，并把他们打入大牢。按照当时的律法，如果能够立刻承认谋反的罪名就可以免于死罪。于是，当来俊臣准备严

◀ （唐）陶女侍俑
高三十厘米。女俑梳双髻，微眯两眼，穿落地长袖长袍，外罩坎肩式上衣，双手隐入长袖内，举于胸前，做舞蹈状。

隋纪·唐纪 上　　唐纪 上　　护国良相狄仁杰

刑逼问狄仁杰时，狄仁杰立即承认了自己准备谋反的罪名。来俊臣录下口供，以为自己得手了，便非常高兴地把狄仁杰等人押回大牢，等待择日行刑，也因此而放松了戒备。狄仁杰便找机会把事情的真相写下，并让儿子把奏章呈送武则天。后来，武则天把他从大牢里释放出来。就这样，狄仁杰凭借自己的机智和果敢逃过了一劫。后来，武承嗣又屡次请求武则天诛杀狄仁杰，但都被武则天拒绝了。

武后器重，鞠躬尽瘁

狄仁杰声名远扬，武则天愈发地器重他了，并亲赐紫袍、龟带给他以示奖励。697年秋天，武则天把狄仁杰调回京师，重新拜他为相。从此，狄仁杰开始尽心辅弼武则天处理天下政事。

武则天非常信赖和器重狄仁杰，不但敬称他为"国老"，还把不少国事都交由他裁夺。晚年的狄仁杰曾经几次因病痛缠身而请求告老还乡，都被武则天极力挽留下来。

狄仁杰经常当廷犯颜直谏。武则天非常欣赏他的耿直，不但不介意，并且常常采纳他的谏言。

有一次，武则天问狄仁杰："我想找一位栋梁之材加以重用，你觉得谁比较合适呢？"狄仁杰问："皇上打算让他担当什么职位？"武则天回答："相位。"狄仁杰说："倘若您想要找文采出众的，苏味道和李峤就非常适合。但倘若您想求宰相，则非荆州长史张柬之莫属了。他虽然年龄稍大，但已具备拜相的才能了。"随后，武则天采纳了狄仁杰的建议，擢升张柬之为洛州司马，没过多久便拜他为相。

此外，狄仁杰还陆续举荐了姚崇、桓彦范和敬晖等几十人，这些人后来都成为唐朝的栋梁之材。于是有人夸赞狄仁杰："朝廷重臣都出自你的手下啊。"狄仁杰回答说："推贤举能关乎国家未来，而不是为了给自己谋私啊！"

700年，狄仁杰因病辞世。狄仁杰是一位杰出的政治家。他为官时能够把百姓放在首位，凡事以大局为重，尽心辅佐君主，积极指出武则天的错误决断，为巩固贞观盛世成果做出了重要贡献。

◀（唐）陶文吏俑
头戴盔，身披甲，外罩长衣，腰间系带，双肩握拳，上下相叠，置于胸前，似持物状。全身施灰黄釉。

娄师德唾面自干

娄师德，字宗仁，郑州原武人，是武则天时代的名吏。他任职期间以珍惜人才、举荐贤能著称，后来还曾参加远征，在讨伐吐蕃的过程中数次立功，为稳定大唐边境立下了不朽的功勋。

投笔从戎，反击吐蕃

娄师德年仅二十岁就考取了进士，被任命为江都尉，因才华出众受到扬州长史卢承业的赏识。后来晋升为监察御史。

677年，唐高宗颁发《举猛士诏》，广征勇士，为日后回击吐蕃做准备。身为文官的娄师德毅然弃文从武，应征当兵。高宗听闻此事后，十分欣赏娄师德，特地晋封他为朝散大夫。

678年，高宗命中书令李敬玄率领大队人马讨伐吐蕃。吐蕃得到消息后积极备战。当年夏天，两军在龙支展开厮杀。主帅李敬玄有些胆小畏战，因此，唐军初战时采取只防不攻的作战方式。正是这种消极的作战方式，导致唐军处于被动挨打的局面，伤亡不少。

由于几战皆败，唐军斗志锐减，此时倘若吐蕃突然发起进攻，唐军就会有溃败的危险。紧要关头，娄师德自告奋勇，集齐兵卒，领兵出击吐蕃，鼓舞了军中士气。

之后，娄师德又受命前往吐蕃议和。娄师德一面在吐蕃大表唐朝主张停战议和的意愿，稳住了吐蕃；一面命人抓紧时间加固河陇防线。吐蕃认为唐军诚心讲和，便欣然同意了。于是，两军休战。高宗为了表彰娄师德的功劳，特提封他为殿中侍御史兼河源军司马。

但是，几年后，吐蕃又侵扰大唐边疆地带。于是，高宗决定再次发兵驱逐吐蕃。681年初夏，大将黑齿常之带领唐军击溃吐蕃部队。

682年秋天，吐蕃再次举兵大肆进犯。娄师德奉命领兵回击，两军在白水涧遭遇。娄师德运筹帷幄，指挥得当，唐军八战皆胜。这次战役以后，娄师德因功被封为左骁卫郎将，奉命继续与大将黑齿常之一起抗击吐蕃。

695年，吐蕃国王为了壮大王权，开始大肆屠杀政敌。吐蕃大将论钦陵主动请缨，希望以战功

▼（唐）越窑青釉砚
质地为瓷。此砚台制作规整，古朴大方，下承多个兽面形足，兽面制作规矩，形象生动，施青釉，釉面光滑细腻，砚面亦光滑细腻，为越窑上乘之作。

隋纪·唐纪 上　　唐纪 上　　娄师德唾面自干

保全自身。于是，论钦陵带领人马大举进犯唐朝河西，企图阻断唐朝与西域之间的往来。

唐朝迅速做出反应，696年初，主帅王孝杰和副帅娄师德带领大军迎击吐蕃。两个月后，双方在素罗汗山展开大战。结果唐军惨败，伤亡无数，士气大受打击。武则天对此非常愤怒，将娄师德贬为原州员外司马，将王孝杰贬为庶民。

697年初，武则天起用娄师德为凤阁侍郎、同凤阁鸾台平章事，再次拜相。为消除契丹对唐朝边境造成的威胁，武则天下令大将军武懿宗带领大军讨伐契丹。同年初夏，武则天又封娄师德为前锋总管，命他领兵攻打契丹，扭转败局。最后，唐军在突厥的协助下，一路所向披靡，接连取得大捷。

698年春天，吐蕃内部发生暴乱。次年春天，武则天命谙熟吐蕃内部事务的娄师德前去吐蕃招抚。

唾面自干，为官清廉

娄师德高大威猛，性格敦厚，内敛聪慧，气度非凡，素以宽大闻名，就算受到他人冲撞也毫不计较。

有一回，娄师德与李昭德一起入朝。身材略胖的娄师德行动有些迟缓，李昭德等得不耐烦了，生气地说："难道是农家人挽留你了吗？"娄师德笑着回答："我自己就是农夫，哪里还用得着别人挽留？"

还有一回，娄师德去巡视农田。定好出发的时间后，随行的官员先行出发，娄师德因有脚伤，便坐在一根木头上等待侍卫牵马过来。这时，一个县令走过来，他并不认识娄师德，自我介绍以后便跟娄师德同坐在木头上。县令属下看见后，连忙跑过来把娄师德介绍给县令，县令慌忙站起来请罪。娄师德说："法律上没有规定不认识人就是死罪呀！"旁边人听了后大笑不止。

除了宽厚仁德以外，娄师德还以忍让闻名。当年，娄师德的弟弟准备上任时，娄师德问他："我高居相位，你身为刺史，皇恩隆盛，一定会有人嫉妒，你该怎样自保呢？"他的弟弟回答说："就算有人把吐沫唾在我的脸上，我也会自己擦掉，兄长不必担忧。"娄师德面色沉重地说："就是因为这样，我才如此担忧！有人唾你，一定是因为他恨你；倘若你擦掉，违反了他的原意，只会惹得他更加生气。所以，一旦遭人唾面，不能擦掉，让风来吹干吧。同时，你还要面带微笑地忍受一切。"由此可见娄师德的隐忍大度。

然而，也正是由于娄师德的宽厚隐忍，他才能得到武则天的信赖，并在

◀ (唐) 彩绘陶侏儒俑
唐代侏儒俑，高十厘米，宽六厘米。辽宁朝阳唐墓出土。

▷▷ 隋纪·唐纪 上　　▷▷ 唐纪 上　　▷▷ 娄师德唾面自干

"那他能够辨识贤才吗？"狄仁杰说："我没听说过他能识贤。"武则天笑道："我之所以重用你，就是由于娄师德的大力举荐，这算不上是识贤吗？"然后，武则天把娄师德推举狄仁杰的奏章拿给狄仁杰看。狄仁杰看了以后十分羞愧，说："娄大人如此贤德，我受了他的恩德却一直蒙在鼓里，我不及他！"

699年秋天，七十岁的娄师德在会州辞世。他一生征战，为稳定唐朝的边疆建立了不朽的功勋，至今仍受到后人的赞誉。

▲（唐）越窑青釉人托盏灯
质地为瓷，高二十八厘米。此灯台人物形态惟妙惟肖，面容给人威严之感，纹饰刻画精细，整体美观大方，实用性强。

武则天统治时期免遭迫害。

　　娄师德还是一位非常廉洁的官吏，他虽然高居要职，生活上却十分简朴。他在扬州做官的几十年里，从来都没有收取过一文钱，即使后来官至相位，家里也仍旧没有什么财产。

　　娄师德就任兵部尚书期间，有一次去巡察并州，并州境内官吏纷纷前来迎接陪行。中午到达驿站后，娄师德命所有人在一起用餐。吃饭时，娄师德发现只有自己的碗里是白米饭，其他人吃的都是糙米饭。于是，他连忙让驿长给自己也换了一碗跟大家一样的糙米饭。

　　此外，娄师德还以推举贤良著称。娄师德曾经在武则天面前大力推举狄仁杰，但狄仁杰一直到做了宰相仍对此事毫不知情。而且，狄仁杰曾经排挤娄师德。后来，武则天发现狄仁杰非常排斥娄师德，便问狄仁杰道："你认为娄师德称得上是贤臣吗？"狄仁杰回答说："他带兵作战很称职，但是否贤德我就不知道了。"武则天又问：

▲（唐）蓝釉双龙耳壶
双龙耳壶是时代特征较为明显的一种器物，主要流行于唐代，其前身可能是自三国以来一直流行的鸡首壶。目前此类双龙耳壶发现不多，主要集中在西安和洛阳这两个唐朝时最繁盛的地区。

隋纪·唐纪 上　　唐纪 上　　张柬之逼宫复唐

唐纪 上
张柬之逼宫复唐

张柬之，字孟将，襄州襄阳人，武周时期曾任荆州长史、宰相，是以强硬手段逼迫武则天退位、使李唐皇室重掌政权的头等功臣。因功受封为汉阳郡王，后又因受到武三思等人的诬陷，被流放泷州，最终忧愤而死。

老当益壮，接任宰相

张柬之是通过科举考试登上仕途的，曾任清源县丞，689年因擅长对答策问而被提升为监察御史。但是他的一些主张与武则天的心意相左，所以没过多久就被削官为刺史。后来，在狄仁杰、姚崇等人的大力举荐下，张柬之又被擢升为宰相。

696年，契丹大贺氏部落联盟的头领李尽忠和孙万荣兴兵反抗朝廷。这本来只是一次很普通的地方势力谋反，而武则天却如临大敌般指派武氏子弟带领重兵前去征讨。虽然朝臣们都认为没有必要组织如此声势浩大的队伍去应对一次小小的叛乱，但武则天依然我行我素，兴师动众。事实上，武则天这么做的目的是想让武氏子弟借此机会掌控一部分军权，以防日后出现不测。

武则天登基以后，确立皇储便成为一个无法回避的问题。随着武则天日渐苍老，这个问题再一次成为众人关注的焦点。尽管李唐皇族的势力衰微，但武家子弟也没能完全掌控政权。这时，有人建议武则天把皇位传给儿子，因为这样她可以在死后以皇太后的身份名正言顺地配享太庙。而倘若武则天把皇位传给侄子武三思等人，则不会有侄子在太庙供奉姑母牌位的情况出现。

臣子们的建议给了武则天很大的触动。698年，武则天接回了离京多年的庐陵王李显，并重新册立他为太子。

但是，武则天并没有明确说明将来会把皇位传给谁，而是一直保持着这种含糊的态度，以此稳定局面。与此同时，武则天还采取了一连串的措施来平衡朝中的势力。有的时候，武家子弟会莫名其妙地被罢免，还有的时候，李唐子弟也会离奇地突遭诛灭。武则天不露声色地调节着各方的实力，所有人都因猜不透武则天的真正意图而不敢草率行事。

已近迟暮的武则天开始关注自己的个人生活，外貌俊朗的张易之和张昌宗兄弟二人开始受

◀武则天登基
690年，武则天称帝，改国号为周，改东都洛阳为神都。

◀ 唐三彩盘
唐三彩盘有圆形、椭圆形、多边形等多种规格，盘画清晰亮丽，色泽古朴鲜艳，图案栩栩如生，画面久存不裂。

多久，张柬之入朝拜相，便如约提拔杨元琰为右羽林将军，掌握了京师军权。与此同时，他还疏通了很多重要关系，等待时机匡复唐室。

武则天晚年大病不起，张柬之看到复唐的条件已经成熟，便将志同道合的桓彦范等人提拔为将军，安插在羽林军内。由此，张柬之完全掌控了护卫皇宫的卫戍部队。

诸事布置完毕，张柬之亲自带领五百名羽林军径直奔往玄武门，与被从东宫强行带来的怯懦太子李显一同杀进内殿。侍奉武则天的张家兄

到武则天的格外宠幸。张家两兄弟趁机控制了朝政的处理大权。一时间，别有心机的人开始对这二人大肆溜须逢迎，希望这两个人能在武则天面前替自己多说好话。渐渐地，兴风作浪的张氏兄弟引起了满朝文武的议论。接着，就有人打算铲除这两个祸害。

出谋划策，兵变复唐

705年，一直以匡复李唐政权为己任的宰相张柬之决定以暴制暴，用强硬的方式迫使武则天退位，然后拥立太子李显登基。

张柬之稳重干练，胆大心细。尽管他已近耄耋之年，但其恢复李唐政权的壮志却始终未改。张柬之曾经跟荆州长史杨元琰相约："日后无论谁先得势，都要互相提拔，以期光复大唐。"没过

▶ 唐青瓷罐形墓志
浙江慈溪上林湖出土，唐光启三年（887）器物。唐晚期，越窑制瓷业迅速发展，在今慈溪上林湖一代曾设置"贡窑"，专门烧制官廷用品和贡品。此罐形墓志载主人"殡于当保贡窑之北山"，证明了文献所载唐代越窑设"贡窑"是确实可信的。

| 隋纪·唐纪 上 | 唐纪 上 | 张柬之逼宫复唐 |

◀（唐）菱格因缘故事画

这是新疆拜城克孜尔千佛洞第一百七十一窟壁画。数列菱形方格内绘各种因缘故事。这种利用有限空间容纳众多题材的艺术形式，为龟兹画家独创。此壁画画面高大开阔，色彩斑斓夺目。

弟得到消息，惊慌失措地从武则天的内室里跑出来打探局势，正好迎头撞见张柬之。张柬之立刻命令手下当场斩杀二人，随后冲进了武则天的寝宫——长生殿。殿外的侍卫架刀阻拦，张柬之领兵强行闯入。

病床上的武则天听到外面混乱喧闹，知道可能发生变故，便大声呵斥："是什么人竟敢谋乱？"张柬之带着太子，领着兵卒来到床前，朗声回答："我奉太子的旨意，前来诛杀预谋造反的张家兄弟，因担心泄露消息，所以没有事先通禀……"武则天怒斥太子："你竟敢这样做？如今二人已被斩杀，你还不立马回宫！"

桓彦范口气更加强硬，大声回应道："太子不能再回东宫了。先帝曾把年幼的太子托付给皇上，现太子年纪已大，我等不敢忘记先帝嘱托，所以才听从太子的旨意前来诛杀逆贼。请皇上现在就让位于太子，以顺天意，遂民愿。"

处于劣势的武则天为形势所逼，只好不情愿地让出了皇位。于是，唐中宗李显重登大宝，李唐政权得以匡复。

由于匡复唐室有功，张柬之随后被擢升重用。但是还不到半年，张柬之就遭到武三思排挤。于是他上表请归襄州养病。唐中宗同意了，并特地任命他为襄州刺史。张柬之在襄州任上时，秉公执法，不论亲眷友人，皆一视同仁。这一期间汉水暴涨，张柬之亲自监督修坝，治理水患，为百姓做了很多实事，深得当地人民的拥戴。

706年，张柬之再遭贬谪，被流放泷州。没过多久，他便抑郁而终。

在政治斗争中，复唐功臣张柬之等人强毅果敢，一鼓作气，让李氏皇族重掌朝纲。但这样的功臣最后却因遭奸佞诬陷而抑郁身亡，实在令人痛惜。无论怎样，张柬之作为恢复李唐的最大功臣，将永垂青史。

唐纪 上
韦后专权乱政

韦后是唐中宗李显的皇后，也是继武则天之后，唐朝历史上又一个对权力有极强欲望的皇后。武则天被迫退位后，唐中宗重登帝位，他每次当朝理政时，韦后都会坐在帷幕的后面，参与国家政事。此外，她还私结朋党，疏通官场的各个渠道，大肆干预政务，妄想效仿武则天登上大宝。然而她既没有武则天的胆识和才干，也没有遇到合适的时机，因此只能以失败告终。

中宗登基，韦后弄权

韦氏是京兆府杜陵县人，在李显被立为太子时，就被册封为太子妃。683年，李显登基，为唐中宗，韦氏被册封为皇后。次年，武则天将中宗贬为庐陵王，先后把他流放到均州和房州，韦氏也随着李显遭到流放。

在流放的过程中，李显如同惊弓之鸟，常常怀疑武则天想要除掉自己，每次得知朝廷使臣要来，都惴惴不安，甚至几次想要自尽以求解脱，但都被韦氏拦住了。每次李显意欲寻死，韦氏都劝解说："人的命运是捉摸不定的。也许你今天遇到祸事，明天就有福缘了呢。即使我们现在处于险境，也许过不了多久就会出现转机。有什么可恐惧的呢？最多不过一死，干吗这样急着了断自己呢！"在这期间，韦氏抚慰了李显的恐惧心灵，打消了他自尽的念头，并帮助他建立起活下去的勇气。两个人同甘共苦，互相扶持，培养了良好的感情。李显非常感激韦氏的不离不弃和体贴安慰，便发誓说："如果有一天我能重见天日，恢复帝位，一定让你随心所欲，不会对你多加约束。"

705年，在张柬之的帮助下，李显重新登上皇位。此后，每逢李显当朝理政时，韦皇后都要坐在帷幕的后面，参与朝廷政事，而中宗也兑现了当初的承诺，从不加以阻拦。唐中宗统治时期的仪制、官制和政令全部沿用武则天时期的惯例。他在内政上仍然选用上官婉儿草拟诏令；在朝政上拜武氏宗亲武三思为相，帮助自己打理政务。深得中宗宠信的上官婉儿很快就被封为昭容；而武三思不但被中宗视为心腹大臣，其长子武崇训还迎娶了中宗的掌上明珠安乐公主，跟皇室结成了姻亲。

上官婉儿原本就跟武三思有私情，后来她又把武三思引进内宫，成就了武三思和韦皇后的苟且之事。从此，三个人沆瀣一气，里外勾结，肆意操纵朝政。每次上官婉儿草拟诏书，都大力推崇韦氏家族的子弟，并极力贬损李唐皇族的宗亲。所以，李唐皇族对上官婉儿深恶痛

▶（唐）彩绘仕女木俑
新疆吐鲁番阿斯塔那古墓出土。用一块整木雕成，后施彩绘，色彩多已剥落。仕女体态丰腴，衣袖宽肥，为盛唐贵族妇女典型形象。

隋纪·唐纪 上　　唐纪 上　　韦后专权乱政

绝。中宗的第三子——李重俊甚至曾一度亲领兵卒到肃章门前请愿，要求诛杀上官婉儿。

上官婉儿曾经侍奉在武则天左右，因此，她对武则天谋权篡位的过程十分熟悉。后来她服侍韦皇后的时候，便常常撺掇韦皇后效仿武则天自立为帝。

秽乱宫廷，临朝摄政

韦皇后统管下的后宫十分混乱，不但男子可以随意进出，连宫女们也可以任意出宫，甚至如上官婉儿等比较得宠的宫人还可以在皇宫外购置宅院，自由往来，毫无约束。因此，朝廷中一些图谋不轨的奸邪小人便经常守候在宫外私约宫女淫游作乐，有的甚至还讨官求财，谋取私欲。侍中敬晖等大臣对此十分气愤，纷纷上表披露韦皇后、上官婉儿和武三思等人的龌龊行径，但是没过多久，正直的敬晖等人就遭到流放。

从这以后，韦皇后更加肆无忌惮，她还教唆被世人称为"五狗"的周利用、冉祖雍、李悛、宋之逊、姚绍之残害正直的官吏，压迫无辜的百姓。韦皇后非常偏袒族人，她的很多家族成员都官居要职。韦皇后的女儿安乐公主更是气焰嚣张，经常做一些买卖官职的勾当。安乐公主自命为"皇太女"，与韦皇后狼狈为奸，常私自草拟诏书，歪曲事实，然后强迫中宗签名封印，以此兜售官衔，大肆敛财。

707年，韦皇后和武三思的心腹宗楚客等人煽动朝臣上疏，请求封韦皇后为顺天翊圣皇后。此时，韦皇后篡位夺权的意图暴露无遗。因为"翊圣"就是"辅佐皇上"的意思。可见，韦皇后极力想要效仿武则天替唐高宗理政的做法。

708年，在韦皇后的授意下，宫女谎称看到从韦皇后的衣箱里飘散出五彩祥云。昏庸的中宗竟然命画匠依据宫女的说法绘制成图并展示出来，以此欢庆天降福瑞，并且下令特赦天下，尊奉妇女。朝廷官员的妻母都因此受到了封赏。后来，那些投机者也因此得到启发，把编排虚无的祥瑞事件当作升官发财的捷径。

709年，中宗准备去南郊祭拜天地。韦皇后的亲信国子祭酒祝钦明和司业郭山恽趁机讨好韦皇后，提议皇后应随行祭拜，而太常博士唐绍、蒋钦绪却坚决反对此事。唐中宗拿不定主意，便让尚书右仆射韦巨源等人来裁夺。韦巨源迎合韦皇后的心意，声称此举合乎礼法，而且还把韦皇后的祭拜称为"亚献"，把安乐公主的祭拜称为"终献"，与当初武则天"祭地祇及梁父"的"亚献"事件如出一辙。

710年元宵夜，中宗和韦皇后微服出游，并允许几千名宫女出宫赏灯，很多宫女趁机与相好的男子私奔，出了宫就再没回来。韦皇后一边放任宫女出宫，一边招揽对自己有用的人进宫。于是，擅长巫医烹调的叶静能、马秦客、杨均分别被授予国子祭酒、散骑常侍和光禄少卿的职位，开始

▼唐睿宗桥陵前的石狮
桥陵为唐睿宗李旦之墓，位于陕西蒲城西北十五千米的丰山。陵前所保留的四十多尊巨大石刻，包括石华表、石鸵鸟、石马、石人、石狮等，它们依然眉目清晰，生动自然。这些石雕排列成行，气势磅礴，堪称盛唐石刻艺术的露天展览。

| 隋纪·唐纪 上 | 唐纪 上 | 韦后专权乱政 |

部尚书裴谈和工部尚书张锡留在东都洛阳处理政务；下令左监门大将军兼内侍薛思简等带领五百精卒开赴均州提防谯王李重福起兵反抗；还任命子侄统领各府兵驻扎在长安城中。一切部署完毕，韦皇后与其兄韦温先把温王李重茂立为太子，然后才开始操办中宗的丧事。李重茂登基后，韦氏以皇太后的身份上朝摄政，而韦温则掌控了朝中兵权。韦氏家族开始预谋拥立韦皇后为帝。

后来，临淄王李隆基与太平公主发动禁军攻入了皇宫，拥立相王李旦为帝，平定了韦氏之乱。韦后在混战当中慌慌张张地跑进飞骑营，企图得到保护，不料被乱兵所杀，结束了荒唐而罪恶的一生。

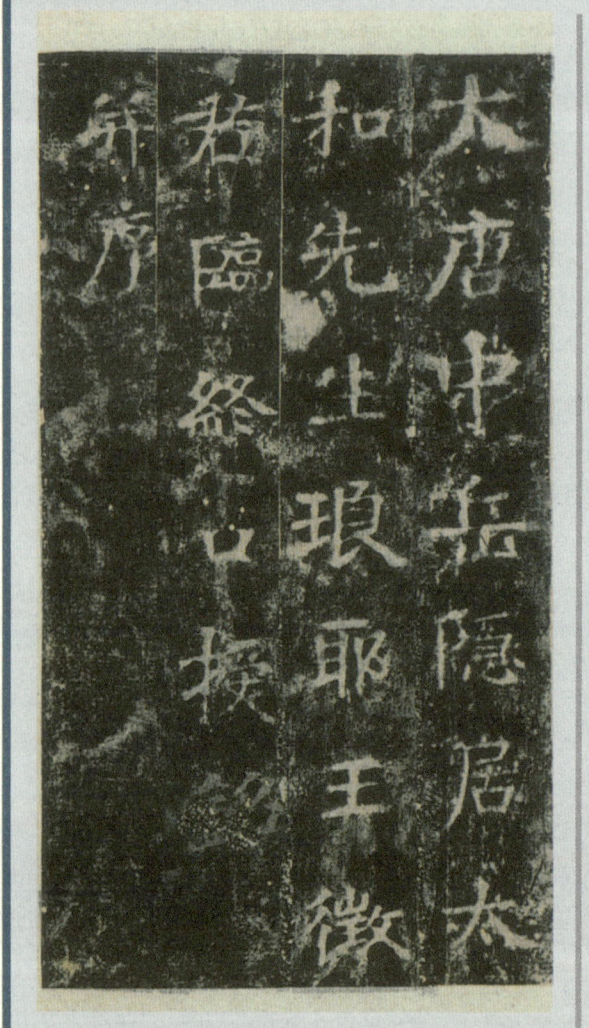

▲唐王征君临终口授铭（清初拓）
唐垂拱三年（687），刻碑在河南登封嵩山老君洞成仙宫内。楷书，二十行，行四十字。拓本一册，周肇祥跋，钤"养庵"印。

▲（唐）韩干《牧马图》
韩干是京兆（今陕西西安）人，生卒年不详，主要生活于唐开元、天宝年间，善画肖像、人物、道释、花竹，尤工鞍马。他所绘马匹体形肥硕，态度安详，比例准确，一改前人画马螭颈龙体、筋骨毕露、姿态飞腾的"龙马"作风，创造了富有盛唐时代气息的新风格。《牧马图》描绘骏马肥硕雄姿的英姿。图中画黑白二马，有一人物手执缰绳缓行。此图线条纤细道劲，寥寥几笔即勾出马的健壮体型，人物衣纹疏密有致，结构严谨，用笔沉着，十分生动。

自由进出后宫。他们跟韦皇后私密往来，横行霸道，无恶不作。

710年夏天，韦皇后和安乐公主商议毒死中宗。中宗吃了有毒的饼暴毙身亡后，韦皇后惧怕人们追究中宗的死因，竟然封锁了皇帝驾崩的消息，然后聚集心腹商量计策。随后，韦皇后命刑

| 隋纪·唐纪 上 | 唐纪 上 | 唐玄宗与开元盛世 |

唐纪 上
唐玄宗与开元盛世

唐玄宗李隆基是唐睿宗李旦第三子，谥号为"至道大圣大明孝皇帝"，所以后世也称他为唐明皇。唐玄宗在位前期锐意进取，勤政爱民，把唐朝带进了政局平稳、国家富庶、文化兴旺的繁盛时期，缔造了一个流芳百世的"开元盛世"。此时的唐朝经过贞观时代以后半个多世纪的发展与积累，已臻于鼎盛，进入了黄金时代。

多事之秋，平乱即位

李隆基出生于685年，当时正是朝廷多事之秋。699年，日渐衰老的武则天听从了狄仁杰等人的劝谏，打消了立武承嗣为太子的念头，把被贬为庐陵王的李显召回洛阳，重新立为太子，同时改封李隆基之父李旦为相王。

701年，李隆基先后就任右卫郎将和尚辇奉御。在这期间，张柬之等发动政变，逼迫武则天让出皇位，使李显重新登上帝位，是为唐中宗。不料中宗软弱无能，他即位后，朝中大权被皇后韦氏牢牢把持。她的女儿安乐公主更是嚣张跋扈。母女两人与外廷的宗楚客、纪处讷、韦巨源等同流合污，党同伐异，并

与武三思勾搭成奸，图谋不轨，搞得朝堂内外乌烟瘴气。

710年，李隆基回京参加京郊祭奠大礼。他曾目睹过张柬之政变，意识到朝廷将有大的变动，便决定暂不离京，静观其变。同时，他还积极结交羽林军，以防不测。同年，韦后等一帮佞臣贼子毒杀中宗，妄图夺取政权。李隆基与太平公主联手先一步发动政变，将韦、武势力一举歼灭。随后，相王李旦重登帝位，是为唐睿宗，立有大功的李隆基顺理成章地成了皇太子。

此时，李隆基与太平公主的矛盾逐渐尖锐起来。太平公主是武则天的女儿，机敏聪慧，在平定韦后叛乱中也立下了汗马功劳，所以唐睿宗非常重视她。每当商讨国事，睿宗一定会先问："太平公主知道了吗？"然后才问："太子知道了吗？"

太平公主有很强的政治抱负。起初，她并未将李隆基放在眼里。直到李隆基被立为太子，并且身边聚拢了一班博学多才的谋臣策士，太平公主才意识到问题的严重性。于是，她命人制造谣言离间

◀（唐）打毬女陶俑

打毬是一种持杖击球的运动。打毬兴起于唐初，到中宗时期非常盛行，到玄宗时发展到鼎盛时期。

少年读全景
资治通鉴故事 5

▶▶ 隋纪·唐纪 上　　▶▶ 唐纪 上　　▶▶ 唐玄宗与开元盛世

▶《石台孝经》（明拓）
唐天宝四年（745）立。碑存陕西西安碑林。拓本四册，钤"周肇祥鉴赏印""百镜之盦"章。唐玄宗李隆基撰序、作注并书写，太子李亨篆额。

太子与睿宗之间的关系，并且笼络文武百官，排挤太子的势力。

唐睿宗对妹妹和儿子之间的争斗非常无奈，眼见姑侄之间的关系越来越紧张，便下诏让太子监国，并于712年夏天把皇位传给了李隆基，改元"先天"。太平公主百般阻挠，仍无法说服哥哥，于是紧锣密鼓地准备夺权。次年，太平公主发动政变，不料玄宗事先已经得到风声。玄宗先发制人，亲自率御林军平定了叛乱，太平公主最终被赐死。玄宗很快又消灭了她的余党，将大权尽收于手中。从武则天时期开始的权力争夺暂告一段落，唐朝开始走向政局稳定、经济发展的辉煌时期。

铲除奸佞，选贤任能

稳定政局以后，唐玄宗开始着手治理国家。他觉得曾经帮助自己消灭韦武势力和太平公主的郭元振、刘幽求等人并不是真正的贤良之臣，因为这些人贪婪无比，一旦欲望无法得到满足，就会萌生二心。这类人只能跟自己共同打天下，但是不能跟自己共同守天下。于是玄宗后来借故把这些人一一削贬诛灭。

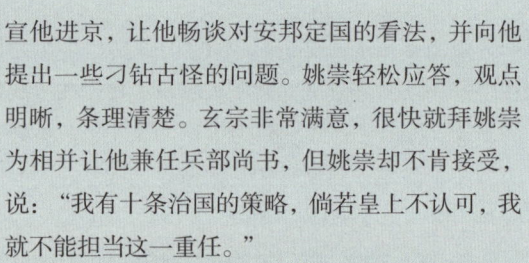

玄宗一边清除朝廷的佞臣，一边着手挑选贤能之人。他知道同州刺史姚崇很有才干，便宣他进京，让他畅谈对安邦定国的看法，并向他提出一些刁钻古怪的问题。姚崇轻松应答，观点明晰，条理清楚。玄宗非常满意，很快就拜姚崇为相并让他兼任兵部尚书，但姚崇却不肯接受，说："我有十条治国的策略，倘若皇上不认可，我就不能担当这一重任。"

玄宗问姚崇是哪十条，姚崇一一陈述：宽待百姓，废除酷刑严法；不求战绩，减少征战之苦；公正严明，不偏袒近臣；禁止宦官干政；废除租赋以外的所有税赋；禁止皇亲身居高位；尊重臣子；广开言路；禁止大兴土木修筑佛寺；禁止外戚干政。玄宗听后一一应允了，姚崇这才正式上任。

除了姚崇，玄宗还提拔了宋璟、张九龄、张嘉

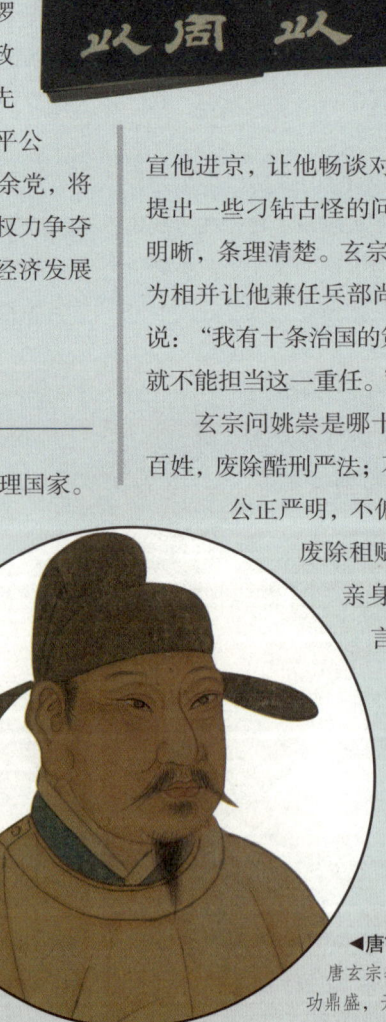

◀唐玄宗像
唐玄宗李隆基在位前期励精图治，文治武功鼎盛，开创了"开元盛世"。

▶▶ 隋纪·唐纪 上　▶▶ 唐纪 上　▶▶ 唐玄宗与开元盛世

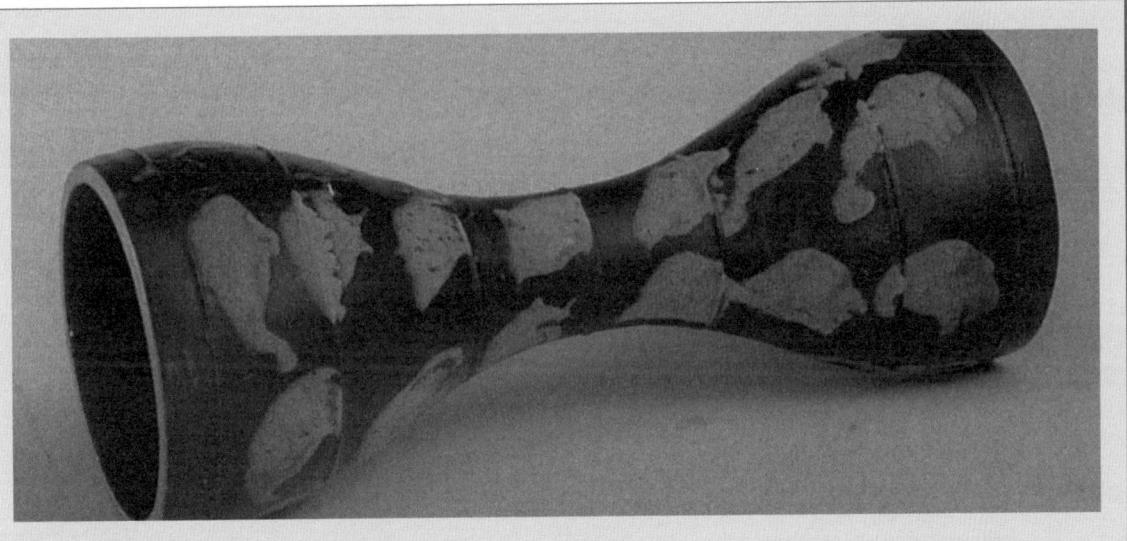

▲（唐）黑釉蓝斑腰鼓
广口，纤腰，鼓身凸起弦纹七道。通体以花釉为饰，在漆黑匀净的釉面上，泼洒出块块蓝白色斑点，宛如黑色闪缎上的彩饰，优美典雅。此鼓造型硕大规整，线条柔和，纹饰奔放，通体漆黑明亮的黑釉与变幻多姿的蓝白色釉相衬托，构成了一幅绚丽多彩的画面，如云霞缥缈，似水墨浑融，装饰效果极强，是唐代瓷器中的传世精品。

贞、张说、李元纮、杜暹、韩休等许多贤能之臣。正是因为他明白人才的重要性，任人唯贤，选择了真正的人才来辅佐自己，才使得大唐王朝逐渐走向繁盛。

发展生产，缔造盛世

玄宗在位前期，大力提倡节俭，下令全国地方官均不得搜罗珠玉及织造锦绣，规定三品以下的大臣以及后宫"妃"以下品级的人不得佩戴金玉制作的饰物，同时大量遣散宫女。这些措施一改武则天以来后宫的奢靡之风，大大节省了花销。

玄宗还非常注重发展农业，组织修建很多农田水利设施，帮助百姓有效地抵御旱灾，大大提高了粮食产量。另外，玄宗还把各地的荒田交给无家可归的流浪者耕种，并免去五年的税收，以

鼓励他们耕作。这些激励措施，大大增强了农民生产的积极性，使全国各地呈现出一派忙于生产的热火朝天的景象。同时，这些举措也增加了编户，充实了粮仓，最终增强了国力，使专制统治更加巩固。

这一时期，唐朝经济随着农业的快速发展而迅速繁荣，社会开始走向鼎盛发展时期。玄宗还增强了唐朝边境的军事力量，采取"募兵制"，设置了朔方、河西等十个镇的节度使，分别管理各州地事宜，并掌控军权。此举使得唐朝的军事防御力量大大增强，因此在这一时期，塞外邻邦都不敢轻易侵扰。

总之，开元年间，唐朝国库充裕，全国粮仓充实，物价十分便宜。玄宗勤于政务，重用贤能，发展农耕，重视文教，使得整个社会呈现出一派繁荣昌盛的景象，唐都长安不仅是唐朝政治、经济、文化中心，也是一座国际性的大都市。后代的史学家们称这一时期为"开元盛世"。遗憾的是唐玄宗没有善始善终，他在执政后期逐渐疏于朝政，追求奢华，致使朝廷奸佞当道，忠良遭嫉，并最终引发了"安史之乱"。一代明主蜕变成昏君，唐朝从此逐渐走向衰落。

王忠嗣持重安边

唐纪 上

王忠嗣，原名王训，华州郑县人，唐代著名将领。他精通兵法，谋略过人，用兵出神入化，其独特的作战思想是中华军事史上的宝贵财富。王忠嗣不但战功显赫，还发掘和培养了如哥舒翰、李光弼、李晟等一批著名的军事精英，称得上是大唐的军中伯乐。

出身名门，骁勇善战

王忠嗣出身将门，其父王海宾曾经官至太子右卫率、丰安军使，是一名骁勇的大将。714年夏天，吐蕃袭击大唐。唐朝举兵反击，旗开得胜。接着，占据优势的唐军勇追穷寇，走投无路的吐蕃军拼死抵抗。作为唐军先锋的王海宾亲领兵卒杀入敌营，但是其他唐朝将领妒忌王海宾的显赫战绩，竟然按兵不动，坐观胜败。最后，体力不支的王海宾英勇阵亡。随后，唐军出击，消灭了已经被王海宾大伤元气的吐蕃军，并活捉了吐蕃的首领。回朝后，唐玄宗将王海宾追封为左金吾卫大将军。

王海宾为国捐躯时，其子刚刚九岁。唐玄宗念及王海宾的显赫战功，便将"忠嗣"两个字赐给王海宾年幼的遗孤作为名字，并把他带回宫内收养。从此，王忠嗣开始了自己的宫中生活。寄居在宫中的这些年，他博览兵书，研习兵法。由于从小寄人篱下，长大后的王忠嗣沉默寡言，但他谋略超群，时常语出惊人。玄宗曾经夸奖他日后定能成为将帅之材。

后来，王忠嗣上任兵马使，追随著名将领萧嵩四处征战。733年，萧嵩被调回京，王忠嗣生平第一次亲自带兵作战。战前，王忠嗣得到消息称，吐蕃赞普正在郁标川巡检部队，便准备率兵发动突袭，但其他将领却纷纷阻拦。王忠嗣不愿错过良机，亲领轻骑兵连夜疾驰，把敌军打了个措手不及，吐蕃赞普落荒而逃。

738年，河西节度使杜希望计划攻取新城。但是如果攻打新城，唐军就必须长途行军，因

▼（唐）佚名《宫苑图》
此图描绘了一大型皇家园林景致。图中山峦起伏，林木葱郁，河道萦回，其中的楼、阁、亭、台、廊、桥星罗棋布，建造于山中或河岸平地。园林气势宏大，富丽堂皇。画中游人悠闲风雅又热闹欢快，画中虽然熙熙攘攘，却如人间仙境。此画展现了唐代贵族阶层悠闲而奢华的生活，同时也体现了唐代的繁荣富庶以及园林建筑的极高水平。

隋纪·唐纪 上　　　唐纪 上　　　王忠嗣持重安边

廷，请调王忠嗣。

同年春天，唐军发动突袭，攻打占守新城的吐蕃军。负责守城的吐蕃军毫无戒备，结果溃败。唐朝把新城更名为威戎军，并派兵把守。回师后，战绩不俗的王忠嗣被晋升为左威卫郎将。

同年夏天，杜希望带领人马拿下了吐蕃占据的黄河大桥，并在黄河的左岸修筑了盐泉城。不久，吐蕃派出三万大军突袭盐泉城，以雪痛失新城之耻。这时戍守盐泉城的唐军势单力薄，见吐蕃大军袭来，军中一片恐慌。王忠嗣眼见情况紧急，知道倘若不奋力一搏，必将一败涂地。他抓住吐蕃军尚未摆好阵势的时机，带领将士冲进敌阵，打乱了敌军的部署。杜希望见势迅速领兵增援，一番鏖战过后，吐蕃军惨败而逃。此战，唐军能在敌强我弱的不利形势下击退吐蕃三万大军，完全得益于王忠嗣的胆略和智谋。后来，朝廷为了嘉奖王忠嗣的神勇无敌，特晋封他为左金吾卫将军。此后，王忠嗣立功不断，屡获升迁，甚至一人兼任两镇的节度使。

镇守边疆，屡立战功

唐朝时期，契丹的实力逐渐发展壮大，并时常侵扰大唐边疆。武则天多次举兵讨伐契丹，在突厥的帮助之下才使契丹战败归附。此时的契丹已然成为唐朝的一块心病。

在这样的局势下，王忠嗣带领大军北伐。他率领十万骑兵北出雁门关，与敌军展开激烈的斗争，连战三回，三战皆胜。全军溃败的契丹可汗只得带着贴身侍卫落荒而逃。没过多久，仓皇逃亡的契丹可汗就被手下的人斩杀了，契丹各部纷纷投降。以后的数十年里，契丹再也没有兴兵叛乱。

王忠嗣在朔方任职时，每当到了互市的时候，他就故意出高价在边境收买马匹。各地的胡人见利润丰厚，便争相把马卖往唐朝。王忠嗣将

▲（唐）佚名《侍马图》
侍马人执鞭牵马，或恭候主人乘骑，或漫步草丛林间。画面造型生动，用线刚劲柔韧，设色浓重并加晕染，充分表现出骏马膘肥肌健、骨力追风且温顺驯良的特征。盛唐时期鞍马题材的绘画甚为流行，但流传至今者罕见，故此画弥足珍贵。

此，一定要有一个统率力强的将领带兵。这时，有人推荐了善于领兵的王忠嗣。杜希望即上奏朝

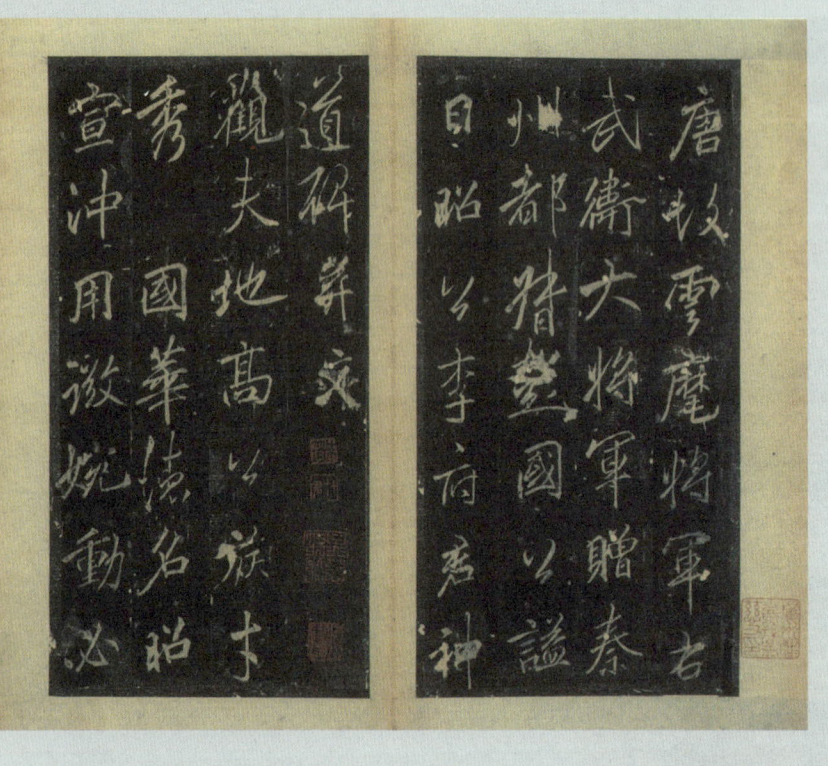

隋纪·唐纪 上 ▸▸ 唐纪 上 ▸▸ 王忠嗣持重安边

▲唐云麾将军李思训碑（明中期拓）
碑文行书，存三十行，行七十字，碑额篆书四行，行十六字。拓本一册，有清嘉庆郭尚先破，钤"郭尚先"等印。另钤有"朱筠""孟熹收藏"等印。李邕撰文并书，书法用笔自然，瘦劲异常，规模极大，遒劲而妍丽，历来作为"李邕作品第一"而称美于世。

所有的马匹悉数买下，并配发到军中充为战马。此后，唐朝的骑兵队伍也日渐强大起来。

742年，王忠嗣带领精锐部队袭击吐蕃，很快就瓦解了敌军北方的主要力量。

在这场战争中，吐蕃损失惨重，不但设置在青海和甘肃交界处的防御工事全部被捣毁，而且吐蕃的王子也命丧沙场。击退了唐朝西部边境的吐蕃大军后，王忠嗣又领兵行进一千多里，支援唐朝西部的小勃律，打退了吐蕃与大食的联军，改变了唐朝西北边境的不稳定局势。尽管后来小勃律兴兵反唐，但受到震慑的大食却没敢派兵增援。在抗击吐蕃的战争中，王忠嗣大力提拔了后来挽救大唐命运的著名将领李光弼和李晟等人，并使他们的军事才华得以初显。

742年，后突厥重封可汗，玄宗派遣使者游说新任可汗臣服唐朝遭拒。于是，王忠嗣奉命领军驻扎边境恐吓对方。后突厥可汗见势不妙，假说降服唐朝。王忠嗣看出破绽，便在木刺驻扎静观其变，同时上书朝廷提出对策。得到唐玄宗的准许后，王忠嗣派遣使者劝说已经归附唐朝的回纥和葛逻禄等部落同时袭击后突厥，最后，四面受敌的后突厥惨败。与此同时，后突厥内部突发暴乱，王忠嗣抓住时机举兵攻打，内忧外患的后突厥各部走投无路，只好投降。此后，后突厥一蹶不振。

743年，王忠嗣再次领兵袭击后突厥，后突厥势力又遭重创。

744年，玄宗授封王忠嗣为帅，命他领兵铲除后突厥，以绝边患。王忠嗣奉旨带领众将士北上杀敌。经过一番鏖战，唐军赢得胜利，没过多久，后突厥就灭亡了。

作为唐玄宗执政时期的著名将领，王忠嗣战无不胜，谋略过人。他一生致力于杀敌卫国，不但稳定了唐朝的边境局势，而且选拔重用了如哥舒翰、李光弼和李晟等一批著名的将领，为唐朝的稳定发展做出了积极贡献。

隋纪·唐纪 上　　唐纪 上　　救时宰相姚崇

唐纪 上
救时宰相姚崇

姚崇，本名元崇，字元之，陕州硖石人，唐朝著名的政治家，是备受后世推崇的一代名相。姚崇文武兼修，才思敏捷，做官时忠心为国，敢于上谏；提倡廉政，以身作则；怜民爱民，注重生产。唐玄宗正是在姚崇等一班贤臣的辅弼下，颁行了一系列政策，废除了诸多弊政，才开创了开元盛世。

先辅武后，后侍睿宗

姚崇以门荫入仕，在武则天统治时期，曾经官至兵部郎中。当时契丹屡屡进犯河北边境，战事非常频繁，然而官吏审阅文书的速度非常慢，因此兵部堆积了很多战报文书等待处理。姚崇就任以后，迅速地把所有积压下来的文书处理完毕，而且没出丝毫差错。武则天非常惊喜，便擢升他为兵部侍郎，又在698年拜他为相。

虽然酷吏周兴和来俊臣被除掉了，但仍然没有人敢鸣冤翻案，武则天便以此认定过去并不存在冤假错案。满朝文武不敢顶撞武则天，对这一问题纷纷噤声，生怕惹祸上身。这时，姚崇仗义执言，历数周兴和来俊臣滥用私刑、非法逼供、诬陷忠良的罪状，并力辩由他们审查的案件大部分都是冤案。文武百官纷纷对姚崇慷慨激昂的言辞表示叹服，连武则天也大为赞赏，立刻赏银一千两以示嘉奖。

705年，张柬之逼宫复唐后，姚崇因同情武则天被贬到外地。710年，唐睿宗登基，把姚崇重新调回长安，并任命他为兵部尚书，没过多久又拜他为相。当时掌握朝权的除了太平公主以外，还有太子李隆基和众位皇子。这些皇族手持兵权，占据要位，文武百官对此非常担忧，认为他们严重威胁着政局的稳定。于是，姚崇等人暗中上疏，建议把太平公主迁居洛阳，还建议把众皇子也派为外任。

▶（唐）海兽葡萄镜
海兽葡萄镜又名海马葡萄镜、天马葡萄镜、瑞兽葡萄镜等。流行在唐、宋时期，武则天时期最盛。此类镜装饰奇异，纹样充满神秘色彩，被日本学者称之为"多谜之镜""凝结欧亚大陆文明之镜"。

隋纪·唐纪 上　　唐纪 上　　救时宰相姚崇

才能出众，再任宰相

713年春天，唐玄宗铲除了太平公主及其朋党势力。同年秋天，玄宗把姚崇调回朝中参与议政。没过多久，便擢升他为兵部尚书兼宰相。

玄宗统治初期，禁军的统领大权仍然掌握在玄宗的兄弟们手中。鉴于此，姚崇等人联名上表，恳请玄宗把诸王外调为刺史。玄宗同意了。姚崇还提出要求：诸王到任后，只享有最高统帅的名号，而具体的事务则由其他人处理。

从这以后，无论诸王兼任何种官职，全都遵守这个规定。诸王失去了兵权，也就没有了拥兵叛乱的资本。姚崇的这一举措从根源上清除了诸王发动宫廷政变的可能性。

姚崇倡导秉公执法，一视同仁。有一次，薛王的舅舅王仙童被御史弹劾。经吏部审查，王仙童平日里仗势欺人，压榨百姓，吏部准备依法处治。薛王得知以后，立刻见驾求情。玄宗下令将案件发回重审，言下之意就是要求吏部从宽处理。

姚崇闻讯，立刻联合另一名宰相联名上疏，要求依律严惩案犯。姚崇认为，就算是皇族，也不应该享有特权。玄宗理亏，只好不再插手。从这以后，皇亲国戚再也不敢胡作非为了。

有一年，国内大灾，国库入不敷出。姚崇便以灾年为契机，劝说玄宗裁减官员，而且规定以后除因战功封官外，其他情况一律不再加设官位。

715年，姚崇告了半个月的假回家料理儿子的丧事，导致大量的公函文件来不及处理。宰相

▲（唐）鎏金错银舍利铜棺
此棺铜质鎏金，盖若瓦形，全身有错银的唐草、莲花、忍冬等纹饰，工艺卓越。

这些建议无非是为了保证大唐的政局稳定，想不到昏了头的睿宗居然把这则密奏的内容泄露给了太平公主。太平公主立刻诽谤太子李隆基是幕后主谋，企图借机削弱太子的势力。而太子李隆基则上疏谴责姚崇挑拨他们姑侄、兄弟之间的关系，并请求睿宗把姚崇等人贬出京城。

事实上，李隆基提出把姚崇贬降到地方是为了保全姚崇，因为只有暂时远离京城这个是非之地，姚崇才能躲过太平公主的迫害。姚崇遭贬后，在地方积极发展农耕经济，为百姓造福，并大力惩罚地方上为非作歹的官吏，得到了地方官民的广泛拥护。

隋纪·唐纪 上　　唐纪 上　　救时宰相姚崇

卢怀慎因处理公文速度缓慢，心中惧怕，便主动向唐玄宗请罪。姚崇办完私事回来复职后，迅速把堆积下来的政务全部处理完毕，然后非常得意地问属下齐澣："我做宰相，跟管仲和晏子比起来如何？"齐澣回答说："管、晏所施行的政令，虽然后世不再沿用，但在他们去世之前却是无可更改的。您所实施的政令，随时可以更改，这样看来，您似乎比不上两位先贤。"然后又补充说："但是您施政灵活，也可以称得上是'救时之相'了。"

从这件事足以看出，当时的朝臣对姚崇处理政事的能力是非常钦佩的。

捕蝗救农，安享晚年

716年，山东地区爆发了蝗虫灾害。由于受迷信思想的影响太深，老百姓认定这场蝗灾是上天对人们的惩戒，因此都不敢私自去消灭吞噬秧苗的蝗虫，而只是无知地焚香祷告，哀求上天怜悯。文武百官见状，也一时都没了主意，唯独姚崇上表建议捕杀蝗虫。姚崇提议朝廷派遣捕蝗使，负责到各地敦促和指导灭蝗行动。

满朝文武听到这个提议后议论纷纷，很多人都觉得蝗灾是天意，不应该逆天意、杀蝗虫。玄宗也拿不定主意了。姚崇极力辩解，说蝗灾跟天意无关，只要方法得当，一定可以战胜蝗灾。但是倘若仍不采取措施，恐怕山东地区来年将颗粒无收，等到粮荒爆发，也就离发生暴乱不远了。最终，玄宗听从了姚崇的建议，下令各地立刻杀灭蝗虫。

没过多久，山东又一次爆发大面积的蝗灾。姚崇立刻命捕蝗使敦促各地杀蝗救灾。随后，姚崇又派人到各地检查捕蝗情况，并将各地官吏捕蝗的力度、积极性和取得的效果整理出来上报给玄宗。姚崇不遗余力地督促各地杀蝗，使得灭蝗行动取得了很大的进展，尽管山东接连爆发蝗灾，但始终没有发生粮荒。

716年冬天，身染疟疾的姚崇无力行走。玄宗见姚崇的府第太过偏远，便特许姚崇移居罔极寺，并且天天派人前去探视病情。后来，玄宗不仅准许姚崇每隔五天上朝一次，而且每每遇到军国要事，都让宰相去听取姚崇的看法。

721年秋天，姚崇因病辞世。

作为唐朝著名的政治家，姚崇在辅佐玄宗期间，大胆改革，破旧立新，从整顿吏治着手，裁员增效，并限制权贵和功臣的特权，同时注重农耕生产，为开元盛世创造了良好的政治条件和经济条件，所以晚唐诗人杜牧赞誉姚崇"首佐玄宗起中兴业"。

▶ 姚崇画像
姚崇从武则天当政时步入政坛。开元初年，他被任命为相，政绩卓著，奠定了开元盛世的基础，被誉为"救时宰相"。

唐纪 上
一行测量子午线

一行，俗名张遂，魏州昌乐（今河南濮阳）人，唐代杰出的天文学家和佛学家，青年时期出家当了和尚，一行是他的法名。一行在天文、历法、仪器制造和数学等方面都有很大的成就，曾主持在全国二十四个地方用科学方法测量子午线长度的工作，这在世界范围内尚属首例，至今传为佳话。

功臣之后，苦研天文

一行的祖父张公谨是唐朝开国功臣，死后被封为郯国公，父亲张擅曾担任武功县令。一行从小聪慧过人，酷嗜经史书籍，很早就声名远扬。

当时，武则天的侄子武三思在朝一手遮天。他鉴于自己声名不佳，很想通过结识有才之士来捞取名誉。张遂为躲避他的打扰，到嵩山剃度为僧，取法名"一行"。

717年，一行被朝廷强召回京，但仍不愿出仕，就被派到华严寺从事佛经的翻译工作。721年，太史接连上奏说日食的发生时间不准确，并指出当时施行的《麟德历》已历经五十余年，偏差越来越大，制定新历已迫在眉睫。于是，唐玄宗授命一行主持新历的制定之事。

同年，一行开始着手制定新历。为编制新历，一行举行了很多观测天象的活动。为进行实地探测，需要制造出一些先进的科学仪器。鉴于此，一行和梁令瓒一起发明了黄道游仪、水运浑天仪和探测地理纬度的专用仪器——覆矩。这些天文仪器保证了他后来进行的各项天文观测活动的顺利进行。

实地测量，证实差谬

发明新的天文仪器后，一行举行了一次大规模的天文探测活动。进行此次测量工作的主要原因有以下两个：

首先，在《周髀算经》上有一种旧说，认为"日影一寸，地差千里"，即用一个八尺长的表在同一时间的两个不同的地方测量太阳影子的长

◀ 僧一行塑像
一行和尚主持编订的《大衍历》比当时流传的《大明历》《皇极历》《麟德历》都要准确得多，对日本、印度的历法产生了很大影响，是当时世界上最先进的历法。

▶▶ 隋纪·唐纪 上　　▶▶ 唐纪 上　　▶▶ 一行测量子午线

度，如若两处日影长度相差一寸，那么这两个地方的实际距离就相距一千里。在很长的一段时间里，这个理论被天文学家奉为圭臬。直到南北朝时期，天文学家何承天依据实测数据，才对此提出质疑。但遗憾的是他没给出有力的证明。到了隋朝，天文学家刘焯提议，应根据实际测量的数据来验证这一理论的真伪，为此，他还制定出了详细的测量计划，但朝廷却没有支持。于是，一行决定通过实测来检验理论的真实性。

其次，在当时，天文学家发现因观测地点的不同，日食发生的时刻和食象不尽相同。同时，各节气的日影长度和漏刻昼夜分也不同。为了弄清这些问题，就必须进行实测。

在测量过程中，太史监官员分别奔赴各地丈量日影长度，然后回朝报告给一行。一行则将测量得出的数据进行归纳整理，并计算出答案。可见，一行不光主持测量工作，还负责测量数据的计算工作。

这次测量涉及的领域十分广泛，共设立了十二个观测地点。最北端的观测点在北纬51°的铁勒（今蒙古国境内），最南端的观测点在北纬18°的林邑（今越南境内），中间还在武陵（今湖南常德）、襄州（今湖北襄樊）、太原府（今山西太原）、蔚州横野军（今河北蔚县）等地设有观测点。

其中以太史官南宫说率领的测量队获得的数据最有价值，该队在黄河南北两岸分别设立了四个观测点，从北向南分别为滑州白马（今河南滑县）、汴州浚仪太岳台（今河南开封西北）、许州扶沟（今河南扶沟）、豫州上蔡武津馆（在今河南上蔡）。其中除白马地处黄河以北外，其余三地都在黄河以南，且都在东经114.2°到114.5°之间，几乎处在同一经度上。经过丈量，白马离上蔡

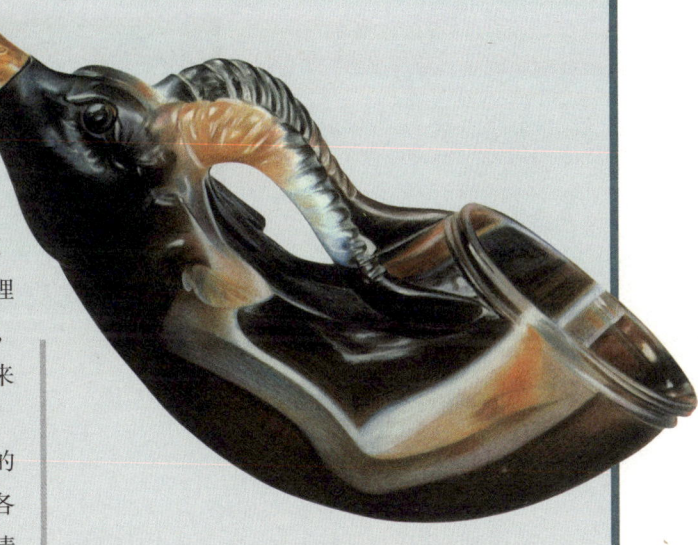

▲（唐）玛瑙角形杯
用红色玛瑙琢制，精美异常，晶莹瑰丽。缠丝玛瑙多产自西域，类似唐兽首玛瑙杯这样造型的器皿，在中亚、西亚较为常见，很可能是中西亚某国进奉唐朝的国礼。

武津馆526里又270步，北极出地高度（纬度）相差1.5°。由此他们推断出了相距约351里又80步，北极出地高度相差1°的结论。这次测量以实测数据为依据，推翻了传统"日影一寸，地差千里"的结论，得出了地球子午线一度弧的准确长度。

从世界范围来看，除中国外，一直到814年，阿拉伯的阿尔·花剌子模等才第一次测量了子午线长度。他们在幼发拉底河平原丈量，并计算出子午线一度长为111.815千米，落后于中国九十年。

在大量实际测量数据的基础上，727年，一行编制的《大衍历》初成。不久，一行病故，终年四十五岁。唐玄宗命张说与历官陈玄景将《大衍历》定稿，分为《历术》七篇、《略例》一篇、《历议》十篇。《大衍历》至728年全部完成，729年正式施行，直到762年被《五纪历》取代。

三百年后，宋代大科学家沈括对一行的《大衍历》仍然赞不绝口。

四朝元老张说

张说，字道济，唐代名臣，历仕武后、中宗、睿宗、玄宗四朝，前后三次为相。他博学多才，任职期间审时度势，兴利除弊，积极革新政治和军事制度，为玄宗开元前期政局的稳定做出了重大贡献。后世史家曾称赞道："发明典章，开元文物彬彬，说（张说）力居多。"

文思缜密，四朝元老

张说的父亲曾任洪洞县丞。张说从小钻研古籍，文采出众。688年，武则天下令全国加试选拔人才，并亲自到洛阳主考，张说在这次考试中夺取了第一名。后来，张说被封为太子校书。

701年，张说和徐坚等人参与编修《三教珠英》。张说与徐坚共同研究撰写思路，最后以《文思博要》为模本，又增加了《姓氏》和《亲族》两部分，使整部书结构流畅，条理清晰。在编修完这部巨著后，张说被提拔为右史、内供奉。

703年，侍奉武则天的张昌宗诬告宰相魏元忠谋反，并威逼张说上朝作伪证，张说只好答应了。等到当廷举证时，张说却义正词严地揭发了张昌宗的不轨行为，并宣称自己是受他的胁迫才来作假证的。张昌宗见自己的阴谋被揭穿，并不甘心，便又诬陷张说与魏元忠勾结，图谋不轨。张说据理力争，进一步拆穿了张昌宗的阴险计谋，保全了魏元忠。但是，武则天偏袒张昌宗，以"反复陈词"的罪名把张说流贬到岭南。

唐中宗重新登上帝位后，张说被调回京城，并被授予兵部员外郎的职位，不久又转为工部侍郎。708年，张说因母亲去世辞官。孝期未满时，唐中宗想起用他为黄门侍郎，但是被张说婉言拒绝了，当时，世人对他的孝心称赞不已。张说服丧完毕后，中宗恢复了他工部侍郎的官职，没过多久，又改封他为兵部侍郎。

710年，唐睿宗登基，张说升迁为中书侍郎，兼任雍州长史。这年秋天，谯王李重福偷偷进入东都企图篡权，但是失败了。东都留守抓捕了几百名谯王的朋党，接连审问了几个月都没有结

▼（唐）蓝地三彩马
质地为瓷，高三十一厘米，长四十一厘米，造型生动，体态雄健，三彩施釉五彩缤纷，极为美丽，体现当时雍容华贵的风尚。

隋纪·唐纪 上　　　唐纪 上　　　四朝元老张说

果。张说奉旨前去审讯，很快就问出了结果，并在一夜之间就抓捕了逆反的主谋张灵均、郑愔等人，把无辜受累入狱的人全都释放。睿宗对张说高效的办事风格大加赞赏。

这一时期正是太子李隆基和太平公主的矛盾尖锐化的时期。曾经做过太子侍读的张说时常在睿宗面前夸赞太子，并揭发了太平公主广交大臣、拉拢党群、干涉政务的企图。太平公主对张说揭发自己一事怀恨在心，便上表恳请睿宗把他降为尚书左丞，逐出朝廷，出任东都留守。

712年，李隆基登基。次年，他毅然采取措施，消灭了太平公主及其朋党，随即封张说为中书令，并赐予他燕国公的爵位。

因罪遭贬，安边有功

713年，玄宗想要把姚崇召回朝廷拜为宰相。张说与姚崇素有积怨，因此张说授意御史大夫赵彦昭弹劾姚崇，但玄宗并未理会。随后，张说又指使殿中监姜皎向皇上提议封姚崇为河东总管，企图阻拦姚崇入朝拜相。玄宗心中明白这些都是张说的伎俩，因此坚持己见，仍然拜姚崇为兵部尚书、同中书门下平章事。

姚崇拜相后，向唐玄宗告发张说偷偷拜谒

◀（唐）三彩鸡头壶
河南洛阳墓葬出土，洛阳市文物工作队藏。此水瓶造型优美，手工精致。凤首形器口，小口细颈，深腹椭圆形，微圈足，颈部一侧安环形单耳把。瓶身施黄、绿、褐釉，流动自然。腹一侧为浮雕骑马射猎图案，另一侧为立凤，花叶围绕，纹饰生动，姿态逼真。凤首雕塑精致。

岐王表达效忠之意的事。于是，张说被降为相州刺史。一直到了718年，张说才被提升为荆州长史，没过多久又被擢升为右羽林将军，兼任幽州都督。

这时恰逢契丹内部发生暴乱，唐朝借机派军征剿，不料大败而归。张说上疏建议加强边防军事，防止边疆祸患。与此同时，他还提议屯田，因为屯田既可以充实国库，又可以减轻老百姓的负担，更加强了边防力量，一举三得。

719年，张说又一次上疏参议边疆国事，提出应该抚恤周边少数民族部落，以和为贵，尽量避免武力。

720年秋天，朔方节度使王晙诛杀突厥降户千余人。这件事使在大同附近定居的同罗、拔曳固等部落惶恐不安。为了息事宁人，张说只带领二十名骑兵，手持使节令去各部抚恤民心，各部落得以安下心来。

721年春天，原突厥降将康待宾兴兵反唐，并迅速占领了六个州。唐玄宗命王晙领兵征讨，张说负责协助。后来，康待宾秘密与党项合谋，又占领了几座城池。张说亲自带领将士攻打叛军，

▶▶ 隋纪·唐纪 上　　▶▶ 唐纪 上　　▶▶ 四朝元老张说

▲（唐）子母狮石雕
这对石雕以白色石雕成，刀工细腻传神，将小狮子嬉戏之态、母狮子爱抚之情，刻画得栩栩如生。

康待宾溃败逃亡。同年秋，因平定叛乱有功，张说被提拔为兵部尚书、同中书门下平章事。

屡结仇怨，宠幸不改

张说虽然才思敏捷，但脾气暴躁，生性贪财，遇到持不同政见者甚至当面辱骂，因此与同僚之间的关系极为恶劣。

726年，玄宗想要重新重用河南尹崔隐甫。张说以崔隐甫文采不佳为由，提议只封他为金吾大将军，并极力举荐与自己关系亲密的崔日知为御史大夫。玄宗没有听信他的提议，仍然晋封崔隐甫为御史大夫。此后，崔隐甫非常憎恨张说。

御史中丞宇文融曾经上奏提议统计国内流动人口和丈量外籍人占耕的田地，而张说以"惊扰百姓"为由多次出面阻止。后来，宇文融又提议在吏部设置新的部门专司选举，而张说再次从中作梗，导致宇文融的提议再一次遭到搁置。宇文融非常生气，便与崔隐甫、李林甫联名纠劾张说，历数他的罪过。玄宗闻讯大发雷霆，立刻下令源乾曜、崔隐甫和刑部尚书共同讯问张说。

经查，张说的罪名大部分属实。玄宗命高力士前去探望张说，高力士回禀说张说为了悔过，披散着头发蹲坐草席，用粗笨的瓦器吃简陋的食物。玄宗听后顿生怜悯之心，念他曾有功于国家，只是剥夺了他中书令的官衔，命他专修国史。

727年，御史大夫崔隐甫和中丞宇文融生怕玄宗重新任用张说，屡次在玄宗面前诬陷他。想不到唐玄宗痛恨朝臣拉帮结派，反而毅然重新重用张说，并免去崔隐甫的官职，降了宇文融的官位。

729年，玄宗拜张说为尚书右丞相，并封他为集贤院学士。张说就任那天，玄宗特地举行了一个隆重的仪式，命人奏音乐，准备酒食，并亲自作御诗叙述此事。

730年，张说因病逝世，终年六十四岁。

▼（唐）双狮金铛
1970年自陕西西安南郊何家庄唐代金银器窖藏坑中出土，铛身作圜底钵状，圆口，轮廓线简洁流畅。三足呈兽腿状，落地稳实。单柄呈叶芽形，活泼优雅。